I-note ②

舞台演出家の記録 1991−2012

Takahashi Isao

高橋いさを

論創社

はじめに

本書は『Ｉ－ｎｏｔｅ』の第二弾である。前作は、「演技と劇作の実践ノート」という副題が示しているように、主に舞台の演技と劇作に関しての文章を収めたが、今回は主に演出についてのノートである。

これらの文章は、わたしが関わった舞台を作るに当たって、出演する俳優やスタッフに配ったもので、この本のために新たに書き下ろしたものはひとつもない。一番古いのは一九九一年のもので、最新のものは二〇一二年のものだ。その二十一年間の間に書かれたものをまとめたものが本書である。それだけで一冊の分量になったのだから、「塵も積れば山となる」とはよく言ったものだ。

基本的にわたしは、舞台を作る時に、こういうノートを作る。「いちいちこんなノートを作って舞台を作るなんてなんて誠実で精密な人なの！」と賞賛してくれる人もいるかもしれないけれど、正直に言うと、わたしは演出家を名乗りながらも口べたで、同時に感情表現が乏しい方なので、よく俳優たちから「何を考えているかわからない」という不満の声を聞く。だから、そんな不安を俳優たちに抱かせるのはどうかという思いもあり、口頭や表情でうまく表現できないぶん、こういう文章を作る習慣ができたのだと思う。

舞台の「演出」という作業は、言葉によって省《かえり》みられることが少ない。戯曲は言葉によって構成されるが、演出は言葉ではなく、俳優の演技と肉体、視覚や聴覚という非言語的な要素で成り立つので、文章＝記録として残りにくい種類のものだからである。そういう意味では、これらの文章から、わたしがその舞台をどういう切り口で料理しようとしたか――その片鱗は伺えると思う。

演出ノートと言いながらも、内容は個々の作品の演出だけに限られたものではなく、その公演への姿勢を生真面目に綴っていたりもする。また、台本の遅れに関するお詫びの文章も多い。そもそも、劇団の公演だと「総括」と題して、その公演の芸術的評価と興行結果の報告なども書かれていて、「失敗したッ。どーしようッ」という泣き言や「赤字だッ。どうするッ」というような金の話や「動員減少ッ。もうダメだ！」というような現実的な話も多くある。さすがにそういう文章は自主的にカットして（本当はそっちの方が読み物としてはオモシロイとも思うけれど）極力、威勢のいいヤツを中心に構成してある。それは、言うまでもなく著者の見栄ゆえである。一般の読者にどれだけ楽しんでもらえる内容かどうか自信はないのだが、これらの文章が、舞台の演出を考える上でのヒントになればいいと思っている。

高橋いさを

I-note②●目次

I-note②

加藤昌史プロデュース公演

『天国から北へ3キロ』

1991年10月13日〜20日　作／三谷幸喜　演出／高橋いさを　青山円形劇場

『天国から北へ3キロ』のためのノート〔1〕

前口上、あるいは能書き

ここに集まった役者たちは、それぞれ所属する劇団を持ち、その中心的な役割を果たしてきた人ばかりです。それぞれ、劇団のカラーは違うものの、「芝居はエンターテインメント！」という旗を掲げて、芝居を作って来たという点では、みんな同じなんではなかろうかと思っています。「エンターテインメント」という言葉も、わかったようなわからないような、とてもキャパシティの大きな言葉で、それぞれの考えるそれは、まちまちだとは思いますが、稽古場でそれぞれの「エンターテインメント」精神を発揮してもらえればそれでいいと思います。

いい芝居を見極め、それを効率的に宣伝していくことにかけては当代随一とヨイショしたいキャラメルボックスの加藤昌史《かとうまさふみ》サンと粋なコメディを書かせては当代随一とほめてあげたい東京サンシャインボーイズの三谷幸喜《みたにこうき》サンの脚本を得て、何があっても灰皿だけは投げまいと心に固く誓っている劇団ショーマの高橋は、とても力強く思っています。

さて、プロデュース公演というプロジェクトに関して僕は処女です。この形態の芝居づくりは、一回こっきりな分、譲歩しようと思えばいくらでも譲歩できます。「永久につきあってくわけじゃないし……」「時間もないし……」しかし、この態度だけは、極力避けたいと思います。わたしは船長ですから、目的地に辿り着くために、「犠牲、やむなし」と判断したら、あなたの不本意を無視して稽古を進行させますが、我々が、稽古場において、いかなるステキな関係性を獲得できたか、否か——それだけが我々現場の人間にとっての、唯一の価値基準になるべきだと僕は考えるからです。処女の分、怖いもの知らずで青臭い意見かもしれませんが、未知なるあなたへの期待は、あくまで大きく持ちたいと思っているのです。

短い稽古期間ではありますが、この航海がそれぞれの役者、スタッフにとってのちょっとした宝石になれば、船長としてはこれ以上の喜びはありません。

ファンタジーについて

この芝居はジャンル分けするとしたら「ファンタジー・コメディ」と呼んでいいと思う。わたしは、いいファンタジーというのは、病気と同じだと思っている。病気になって初めて、健康であることがより鮮明に自覚できるように、ファンタジーに接することによって、自分の現実が、ふだん感じなかった形でわかる——というような意味において。ファンタジー(例えばディズニーに代表されるような、ジャンルとしての)に限らず、そもそも、作り物(フィクション)というものを人間が「小説」なり「映画」なり「芝居」という形で作ったのは、それに触れることによって、自分の生活なり、現実を活性化させたいという、極めて自然で現実的な欲求があったからだと僕は思っている。そういう意味で、わたしは、魚屋や肉屋が我々にとって必要なように、フィクションというのは、人間にとって必要なものだと思っている。忘れていた、あるいはわかっているつもりでも、ついつい忘れがちな大切なものを、荒唐無稽であるかもしれぬが、面白い設定を通してふと思い出させてくれる——それがいいファンタジーであると思う。これが、わたしの基本的な「ファンタジー観」である。

人間にとって極めて基本的なこと(死ぬのはよくないとか、彼女を大切にするとか)をあくまで「面白く」演じる。言うまでもなく、こういう考え方をわたしたちはずっとしてきたはずだし、この作品に向かう姿勢も変わらない。この芝居を見た観客が、ふと「オレも彼女のこと大切にしてあげなきゃなあ」とか「わたしも彼氏のこと、大事にしなきゃな」とか思ってくれたらよいと思う。これは、ひとつの目標である。

何かを伝えたいと思う。しかし、誤解を恐れず言えば、わたしら芝居屋にとっては、その伝えたい内容なりテーマなりメッセージなりを、いかなる装いをもって、いかに「芸」のある形で、いかに演劇的に見せることができたのか――という点にすべてのエネルギーは費やされるべきだと思っているのだが。

1991年9月17日

『天国から北へ3キロ』のためのノート〔2〕

「この世ステージ」と「あの世ステージ」

舞台を「この世ステージ」、客席を「あの世ステージ」と考える。

というのは、この芝居の中に出てくる「天使とたま子」組と「田山クンら人間」組の関係は、「見る」(「天使とたま子」)「見られる」(田山クンら人間)という関係であるから、そのアナロジーとして、「観客」(見る)「役者」(見られる)という関係をそこにあてはめることは、順当であると考えるからである。観客席はいわば現世と天国(冥界)をつなぐ霊界、観客は死んだ人々――という見立てである。

そして、さらに高い次元にあるであろう「天国」は、客席最後部にあたり、そこを通り抜けると「天国」がある——という設定である。よって、たま子の祖母はま子の登場と退場は、客席最後部のドアということになる。たま子が、最後に去るのも、ここである。

「境界に咲く花」という趣向について

そして、「この世ステージ」（舞台）と「あの世ステージ」（客席）のその境界線上に花が咲いている、という舞台造型はどうだろう。その花は、例えば、生者（田山クン）が死者（たま子）に供えた花である。たぶん生前、たま子が大好きだった花である。この物語の主人公である「たま子」は、天使の言うことを聞かず、この世にいつづけようとする。彼女は、その時、「あの世ステージ」（客席）から花を跨ぎ、あるいは、踏み倒して、「この世ステージ」（舞台）へ踏み込んでいくというわけだ。彼女が、ある無理をして（摂理に適わないことをして）現世に入っていくというイメージを「変な格好で花を乗り越えていく」「なぎ倒された花」というのが、雄弁に伝えてくれるのではないか？　どちらにせよ、本来、通るべきではないところを無理やり通るというカンジがよく出るのではないか？

また、人間の生と死をめぐる物語の舞台装置として、花というのは、生まれ、育ち、咲き、老い、果てるものの比喩《メタファー》としても有効なのではないだろうか？「いつかは死に、この世から消えてなくなるもの」のシンボルとしての花。あるいは、この花が、この世を創造した全知全能の神（？）が、人類に対して供えたもの（例えば「慰め」）として考えれば、生者にとっては「よき人生を送れよ」というメッセージにもなるし、死者にとっては「成仏しろよ」という文字通り供養の意味になるし、とてもいいんじゃないだろうか。「誰のために咲くの〜」という歌があったような気がするが、この花は、「この世ステージ」「あの世ステージ」ひっくるめて、すべての生者、死者のために咲いているのではないか——なんて考えるのは、とってもロマンチック！

さて、具体的にこの花は何がいいんだろうか？　これは、「千代田たま子」という女の子（松田かおり）のキャラクターに関わることだ。戯曲に指定はないけれど、彼女はどんなコだったのだろう？　「花屋の店員」なんてのはどうだろう？　また、彼女の愛した「田山雄三」という男はどんな職業の、どんな男だ？　サラリーマン？　どんな？　オモチャ屋？　鉄工関係？　西川浩幸くんの個性をふまえると、ファミコン関係の仕事なんかしてそうだが。彼は何が好きだ？野球？　相撲？　寿司？　音楽は好きなんだ。彼の魅力は何だ？　また、欠点は？　それぞれのキャラクターを、それを演じる役者の個性に照らし合わせながら肉付けして、「血のかよった一人の人間を作り出せ！」（三谷幸喜さんの手書きの台本の表紙にそう走り書きされていた）だ。

また、シーンの展開をよりスムーズに行っていくために、黒子を二人使う（二人は、演出助手でいいと思う）。この劇における黒子の存在には、「ステージ・マスターたる天使の巴《ともえ》の助手」という役割を持たせようと思っているのだが。

1991年9月17日

劇団ショーマ・スペシャル

『上海CRAB』

1993年1月7日〜15日　作／鍋割亮虎　演出／高橋いさを　新宿シアターアプル

『上海CRAB』の顔合わせに

作品について

今年の二月以来、劇団としては一年ぶりの公演である。この一年余りは、それぞれがそれぞれ別の場で芝居に取り組んだわけだが、その場での作業がどれだけ「実」となってこの場にフィード・バックできるか——そのへんも期待しつつ稽古に臨みたいと思っている。

作品は、一九八九年にシアタートップスで上演した『ルシファーは楽園の夢を見る』の改訂版『上海CRAB』である。再演するに当たって、脚本はシナリオ・ライターの鍋割亮虎《なべわりりょうこ》が全面改訂し、主演に高樹澪《たかきみお》、音楽もハウンドドッグというスペシャル公演である。退団した加藤忠可《かとうただよし》も再び共同作業をすることになった。場所もキャパシティ七〇〇人のシアターアプルである。

客演陣には、余りピンとこないことだとは思うが、劇団ショーマの主宰者として、この公演に取り組むにあたっての姿勢を一言。

集団性とか、劇団としての在り方とかそういう問題を突き詰めていくと、いろいろと意見の出てくる形の公演であるのだろうが、こういう違う分野で活躍している人たちとの共同作業を通していろんな刺激を受けてみたいというのが作り手としての正直な気持ちである。ぶっちゃけて言えば、この出会いを面白がればそれでいいということだと思う。つまり、劇団にとってのお祭りとして楽しめばいいということだ。

そういう意味では、この公演は年一回の「ノースウェット・プロデュース公演」の試金石と考えればいいと思っている。

ところで、最近見る芝居はことごとく面白くない。そういうわたしの芝居というものへの現状認識を踏まえて言えば、結局のところ面白いモンを作ったヤツが勝ちだと思う。わたしは、この場でとにかく面白いモンを作りたいと思う。演技者としての各人の創意工夫に期待するゆえんである。恥部を曝すようで嫌だが、久々に「稽古の初日に台本がある」という状態での公演である。この余裕をフルに生かして、誠実に役に取り組んでもらいたいと願っている。

燃え尽きた「夢」と幻としての「煙り」

シアターアプルという大空間での芝居という条件を鑑《かんが》みて、今回は、演出面でスペクタクル性＝視覚に訴えかけるモノを重視していくつもりである。

これは、最近のわたしの演出的な変化と言うか、バリエーションの一つと言うか、演出の方法なのだが、「目に見えるもの」が何かを語るような舞台を作りたいと思っている。

何もない空間を変幻自在に操り、観客の頭のなかにこそ幻の風景なりモノをイメージさせるというのが、ショーマの舞台作りの方法であった時期もあったが、今回はその方法は極力排して、あるモノをいかに使うか――という点に重きを置きたいと思っている。ゆえに、銃なりワープロなり小道具類は、ほとんど全部使ってやる。これは、シアターアプルという空間での演技を考えたとき必要であると判断した結果の答えである。

現在、舞台美術はプランの最中だが、基本のイメージは、「燃え尽き廃墟となった遊園地＝夢（虚構）」である。この燃え尽き黒々と焼けただれた瓦礫のような舞台に、夢が燃えた結果出たであろう「煙り」が漂っている――というのがこの芝居の視覚的なイメージである。

そして、この燃え尽きたであろう瓦礫の舞台が、後半の追撃シーンにおいて再びくすぶりだし、炎を上げる。燃え盛る遊園地で繰り広げられるＦＢＩと密売団の追撃戦。燃え盛る炎、燃え盛る人物たちの心――。スモーク・マシンと照明の効果によって、これはどこまで迫力のあるものになるのだろうか？　スモークが出過ぎて、人物が見えなくなっては元も子もないが。

１９９２年11月24日

フロムエー・アクト・アライブ・
プロデュース公演

『カップルズ～世界で一番キライなあいつ』

1992年7月24日～28日
新宿シアターサンモール

作／恵畑純子・宮川賢・山下まさる・高橋いさを　演出／高橋いさを

『カップルズ～世界で一番キライなあいつ』のためのノート〔1〕

はじめまして

世はプロデュース公演ばやりで、この公演もまぎれもなくその一つであります。「ボーダーレス」（境界なし）なんちゅう言葉が時代を読むキーワードとして使われて、今やなんでもありって感じの時代のようです。確かに、サンシャイン劇場の舞台に、白石加代子《しらいしかよこ》と汀夏子《みぎわなつこ》がいっしょに立っていたりするのだから、その通りだと思ったりもします（『女たちの十二夜』という芝居のことです）。

ここに集まった人々は、白石加代子と汀夏子ほどの環境の差はない現場で芝居を作ってきた人たちだと思いますが、それぞれ所属する劇団があるという点では芝居を作っていく方法とか、姿勢とか、甘やかされ方とか、やっぱりいろんな差があると思います。

が、この芝居は、企画自体が「環境も性格もまるっきりちがう二人」を描くという芝居ですから、そういう違いはむしろ逆手にとって利用できるのではないか、と楽観的な演出家は思っています。

生憎というか、せっかくのプロデュース公演にもかかわらず、二人芝居のオムニバスという芝居の形式上、付き合う人はそれぞれ一人——しかし、一人でもいればいい方で松本きょうじさんはなんと「一人もいない」という寂しさです。よって稽古も能率的に進行させるために、一同に会すという機会は少ないと思いますが、同じプロジェクトの一人という意識は持って、別のチームの芝居を見てあげてもらえれば——と思っています。

短い稽古期間ではありますが、この出会いが素敵な出会いになることを祈ってやみません。

演出家は何を考えているか?

「性格の不一致」という言い方があります。詳しくはわかりませんが、もう長いこと「別れる理由」のトップに君臨している言葉ではないでしょうか。しかし、よくよく考えてみれば、人間二人寄れば、「性格が一致する」なんて方がむしろ例外で、性格は一致しない方がフツウです。「わたし」と「あなた」がちがうように、「彼ら」もやっぱりちがうのです。

この公演は、「性格不一致」どころか、火に油を注ぐような組み合わせの三組のカップルを描くオムニバス・ストーリーです。まるで神のいたずらとしか思えないような組み合わせのこの三組のカップルは、果たしてどういう明日を夢見るのでしょうか。ちがう顔とちがう心とちがう昨日とちがう明日を持った「彼ら」の、火花散る同じ今日——というのがこの公演の基本コンセプトです。

性格喜劇

この企画におけるキーワードとして、「性格喜劇」という言葉を使いたいと思います。で、わたしは基本的に「性格喜劇」について、このように考えています。

性格の違いをテコにして、客を楽しませる芝居。性格のちがう二人が、なにかの事情で、一定時間、同じ場所にいなければならない——という設定。いや、正しくは「性格のまるっきりちがう二人」がまずいなければならない。もっと正確に言えば、ただ単に「性格がまるっきりちがう」のではなくて、片方にとって、片方が鬱陶しいことこの上ないような存在であることが望ましい。片方の言うことなすことが、片方のカンにいちいち触るような関係。

登場人物の主観で言えば、「こんな奴といっしょになったら、たまんねえなあ」という人物が登場すべきだし、観客から言わせれば、「こんな奴とこんな奴が、同じ場所にいたら、さぞかし面白いだろーなあ」という人物であること。

片方が片方に徹底的に呆れることができるような、そして最終的に「あんたみたいなタイプ、あたし世の中で一番嫌いなのよッ！」と叫ぶことができるような、二人がそこにいること。ともあれ、素敵な喧嘩ができればいいと思っています。

最後に一つ付け加えておけば、サブ・タイトルになっている「世界で一番キライなあいつ」というのは、言うまでもなく逆説として使っています。このサブ・タイトルを逆説として、いかに説得力ある形で観客に手渡すか——そのへんが勝負どころだと思っています。

1992年6月22日

『カップルズ〜世界で一番キライなあいつ』のためのノート〔2〕

どんな芝居が見たいんだ？

ようやく、それぞれの脚本は一応完成した。で、これからの稽古の主眼をどこに置くか、書いておこう。

第三話『I can't swim～キドとタブチの課外授業』に関しては、すでに何度かエチュードをやったが、こういう方法でそれぞれの人物の背景を固めていきたい。言うまでもなく、キドにもタブチにもこの三十分余りの出会いの場以外に生活があるわけで、この三十分の間にどれだけそういうここに描かれていること以外の彼らを予感させることができるのかが、今、わたしの興味ある点である。

買いかぶっているところもあるが、みなさんくらいの実績と技術があれば、この芝居、台詞のニュアンスとテンポだけで充分面白く見せることはできると思う。しかし、それより高度な表現というのを目指した時に、こういうエチュードは必要不可欠であるとわたしは考えている。

この三つの話は、どれも取るに足らんと言えば確かに取るに足らん話しである。わたしはどちらかと言うと「怪物が出てきて人々を次々に襲い、その怪物を粉砕すべく立ち上がった男たち」というようなストーリーを「ドラマチック！」と感じる感受性を育んできた男であるが、こんな些細でさりげない話であっても、上記のような方法によって、確実にそこにその人物が呼吸し実在していると思えれば、それはそれですごくドラマチックなことなんじゃないかな、と思うようになった。「そんなことは百も承知だ！」と言われるのを承知で言えば、そういう芝居を見てみたいのである。もっと言えば、テンポと仕掛けの派手さばかりの芝居はもう見たくないという気持ちがわたしにはある。

ここに出てくる愛すべき人間たちは、別に際だって特殊な力のあるヒーローたちでも何でもない、ごくごく普通の生活者たちだけれど、そういう普通の人々を演じるにあたっては、誠実に、丁寧に、一人の人間像を作ってもらいたいと思う。わたしは、自分の能力のすべてを動員して、その作業を手伝いたいと思っている。

狂言回しのこのドラマにおける位置

狂言回しについて、書く。

それぞれの話しは特に密接につながっているわけではなくて、独立した一つの物語である。それを、直接的にではなく、さりげなく関連づけているのが「我孫子《あびこ》さん」と「弥生《やよい》さん」が演じる「コネクティング・ストーリー」である――なんちゅうことは読めば誰にもわかるだろう。

ただ、ちょっと言及しておきたいのは、あくまでここに出てくる人の背景にいる人たちの代表として、我孫子さんと弥生さんはいるという点である。背景にいる人ではあるが、喧嘩している。喧嘩を繰り返しているのは何もエリカやしおり、千里や寛治、キド先生やタブチのニーチャンだけではないのである。

それと、独立した三話をつなぐ「コネクティング・ストーリー」の部分の時間だけは、全編通して十二年という時間が流れるわけだが、これについては、人間いつまでたっても喧嘩を繰り返すもんだというわたしの認識と、しかし、それでもいっしょに生きていく人間たちへの賛歌――

なーんていうと照れるけど、まあ、そういうポジティブな意志がそこに出ればいいなと思っているわけです。
プラス、弥生さんは俳優ではなく「人形（猫）」が演じるわけだが、この趣向についてはいろいろと考えたあげくの答えである。と言うのは、どうしても三つの話がリアルで地味な話しなので、構成上、観客の息抜きと言うか、他の三つの話しとの色の差と言うか、そういう意味で大胆にここの部分だけは遊びいっぱいのフィクションでいいな、と考えたゆえの方法である。そういう意味では「コネクティング・ストーリー」の部分は、思い切って遊びたいと思っている。

1992年6月29日

キャラメルボックス・アナザーフェイス公演　『また逢おうと竜馬は言った』

1992年10月10日〜24日　作／成井豊　演出／高橋いさを　聖蹟桜ヶ丘アウラホール

『また逢おうと竜馬は言った』のためのノート〔1〕

トータルな舞台造型について

成井豊さんの書いてくれた構成表にある通り、この芝居は「空港」「部屋」「会社」——などさまざまな場面で演じられる。ゆえに、ある抽象性を持った舞台造型が有効であると思う。で、いかなるシンボルを中心に据えてその抽象舞台を作ろうかと考えるのだが、今回は苦戦していると正直に告白する。

しかし、とっかかりがまるでないわけではない。

①——主人公は「乗り物に弱い」というキャラクターであるということ

主人公のオカモトは、ツアー・コンダクターであるにもかかわらず、乗り物に乗るとすぐに酔ってしまうという弱点を持つ男である。乗り物、乗り物、乗り物と呪文のようにつぶやいてみる。バス、車、飛行機、船……。

確信的なことは言えないが、現在のところ、一番大切なシーンは、空港で演じられることになるはずだ。

②――ホンゴウ夫妻の思い出の場所としての空港

この空港というのは、主人公が離婚を阻止せんと奔走するホンゴウとその妻ケイコの思い出の場所である（厳密には空港のレストランということだが）。ここで主人公は、思いを寄せはじめた人妻ケイコに別れを告げ、さらにその後に幻想の竜馬に別れを告げる。

ありきたりな意見だが、空港とか駅とかそういう場所は、人と人が出会いもするし、また別れる場所としてドラマチックな空間であることはまちがいない。

「ホンゴウ夫妻の思い出の場所」としての空港、「主人公がさよならを言う場所」としての空港……。空港には飛行機がある。

舞台を巨大な飛行機に見立ててみる、なんてのはどうか？　ふーむ、今ひとつ必然性がないかなあ。だったら船の方がいいか。船なら坂本竜馬が甲板の上にすっくと立った時、ある決まり方はするだろうが。しかし、それだと成井さんの脚本を直してもらうことになってしまうか。つまり、「思い出の空港」ではなくて、「思い出の波止場」。海、青い海、航海、坂本竜馬と海、海援隊……竜馬は海が大好きだったな。これはそんなに悪くないような気がする。

幻想の坂本竜馬という趣向について

この芝居のかんどころと言うべきものは、この「幻想の坂本竜馬」という趣向である。そもそもこの芝居のとっかかりは、ウディ・アレン作の舞台劇『ボギー!俺も男だ』(一九六九年、ニューヨークで初演)である。この舞台劇をアレン自らの手でシナリオ化し、ハーバート・ロスが監督した同名の映画が作られたのが一九七二年。この映画に出てくる幻想のボギー=ハンフリー・ボガートに相当するのが、この芝居における幻想の坂本竜馬である(ビデオを見ておいてください)。

この幻想の坂本竜馬は、いわば主人公の内面的葛藤を視覚化したもので、ことあるごとに登場し、主人公と対話する。

舞台造型上のポイントの一つとして、この幻想の坂本竜馬をいかなる形で舞台に入退場させるかということがある。

一つの法則としては、現実の登場人物は決して使わない出入り口から常に登場するというのがいいと思う。不可能であるが、一つの例としては壁を突き抜けてヌッと出てくるとか、タンスを開けるとそこにいるとか——(これは可能か?)。

とにかく、観客が「えっ?」と思う場所から登場するのが好ましいと考える(劇が進行するにしたがって、その意外さは薄れるだろうが、少なくとも一番最初の出はそのようにありたい)。

そして、もう一つ。主人公の「幻想」ということを有効にビジュアル化する上で、こういう法則はどうだろう。すなわち、幻想の坂本竜馬は常に「主人公より高い位置にいる」という見せ方。いや、厳密には「常に」でなくていいのだが、考え方としてこのやり方はいかがなものか。なぜ竜馬が高い位置にいるかと言うと——。

①主人公と竜馬の人間的大きさの違いを表現する。「身分」と言うと語弊があるかもしれないが、観客に視覚的に見えるこの「高低」の関係が、そのまま二人のいろんな意味での差を表現する、という意味において。

②人間が何かを幻想する時、それは「下」ではなく「上」にあるという常識(?)があると思う。それは、大概、頭の上にある。

漫画で「人物が何かを思う」という表現をする時は、たぶん頭の上に幻想があるのが普通であると考える。

ビリー・ワイルダー監督が映画化した『七年目の浮気』という作品(一九五五年、マリリン・モンロー主演。原作はジョージ・アクセルロッドの書いた舞台劇)は、とある妻子持ちの中年男が、妻子が夏休みで実家に帰っている間に、モンロー扮するグラマーな美女を何とか口説き落とそうと一生懸命になる艶笑話だが、この美女は、主人公のアパートの「上」に住んでいるという設定だった。うがち過ぎと言われるのを承知で言えば、なぜこの美女は「下の階」にいず、「上の階」にいたのか？　どこまで作者が意図したかどうかはわからないが、これはたぶん妻のいない間に「夢に見た理想的な女」がやって来て、「どうにかなっちまいたいッ」という世の亭主族なら誰でも夢見ることを構造的に表現する上で、「夢の美女」は必然的に「下」からではなく、「上」からやってこなければならなかったのだとわたしは解釈する。

言うまでもなく、「夢」というのを描く場合も、人間の頭上に描かれるのが普通である。

1992年9月4日

『また逢おうと竜馬は言った』のためのノート〔2〕

舞台が揺れる

いろいろ考えたあげくにわたしは一つの結論に達した。

それは「揺れる舞台」というアイデアである。これは、東西線の高田馬場駅で思い付いた。電車は乗客の昇降により前後左右にユサユサと揺れる。電車がまさにそのように揺れるように、舞台そのものが前後、あるいは左右に大きく揺れるような仕掛けというのは可能なのだろうか？　舞台監督の矢島さんの悲鳴が聞こえてきそうだが、通常よりたっぷりある仕込みの時間を有効に使えば、こういう大掛かりな仕掛けが可能ではないのか？

［方法①］

床の下にスプリングを仕込み、舞台で飛び跳ねると上下に揺れる。

［方法②］

いわゆるシーソーのような構造。前後、あるいは左右。

この揺れる舞台のなかで、主人公のオカモト以外は、その揺れをまったく関知せずに芝居を続ける――という方法。

これは言うまでもなく主人公のオカモトの「乗り物に弱い」という感覚のドイツ表現主義的な（？）伝達方法である。試みとしては充分やるに値するものだと思うが、問題は技術的に可能かという点と、アクション・シーンや走るシーンにおいて、その揺れがどれだけ芝居に影響してしまうかという点である。

宙に浮かぶ大きな船

あるいは、こういう仕掛けも面白いと思う。

これは、より現実的な仕掛けだが、舞台中央の天井から、例えば大きな船の模型をぶら下げておくというもの。

この船の模型をユサユサとゆっくり揺らすことによって、オカモトの酔いの表現にしてみるというもの。なぜ船かと言うと、船が乗り物のなかで一番酔い易いのではないかというわたしの考え、プラス宙に浮く船というイメージがシュールリアリズムの絵画のように面白いんではないかという二点において。もっとこじつければ坂本竜馬と海、船は密接に繋がっているという点においても。冒頭は大きな波の音で暗転することでもあるし。

また、この「揺れる船」というイメージはそのまま、揺れる人妻ケイコの心象表現になり得るのではないか？　彼女の心が揺れると船も揺れるという風に。

どちらにせよ、「揺れるもの」というを舞台造型をしていく上での重要なシンボルとして考えてもらえればと思う。

1992年9月16日

『また逢おうと竜馬は言った』のためのノート〔3〕

揺れる帆船、揺れる心

舞台は巨大な帆船である。古ぼけた、遠い昔の帆船。帆船のマストにはいくつもの帆が張られていて、それが舞台のみならず客席にも吊られている。

開演時間が来て、大きな波の音とともに暗転。

と、一条の光。

夕焼け空をバックに左右に大きく揺れる帆船！

揺れるマスト、風にはためく帆、帆、帆。その揺れる帆船のマストの下にひっつめ髪の長身の侍。坂本竜馬である……。


ある時、帆船は嵐の海を航海しているように大きく、ある時帆船はおだやかな海を進むように小さく揺れる。この仕掛けは、主人公のオカモトの乗り物に弱いという特徴を観客と共有する際に有効であるような気がするし、それ以上に人物たちの心の在り様をこの揺れる船は表現してくれるのではないか、と考えている。

確かに、この劇に登場する主要人物たち、すなわちオカモト、ホンゴウ、ケイコの気持ちはみな揺れている。「どうすればいいんだ？」「どっちを選べばいいんだ？」「あたしは間違っているの、それとも……」と思っている。特に、人妻のケイコの心は、オカモトとホンゴウの間で大きく揺れる。

この大きな帆船の揺れが、そのまま人々の感情の揺れを芸術的に表現し得るとしたら、これはとてもいい仕掛けだと思うのだが。

もっともこれは、もっぱら観客に与えるビジュアルな側面での演出であり、演技自体に大きく関わってくるようなものではないのかもしれない。

が、これは多分に現場処理的なことだが、その揺れがもし人々の心の在り様を何より雄弁に（つまり演劇的に）物語ってくれるとしたら、演技者と矢島さん以下の舞台スタッフの舞台上でのコミニュケーションは大切なものであると考えている。

「キャラクター」とは何か

「キャラクター」を語るのはむずかしい。しかし、あえてトライする。

キャラクターとは何か？

一方で、それは、背が大きいとか、目がしょぼくれているとか、足が短いとか、眼鏡をかけているとか、左利きであるとか、派手な服を着ているとか、大声であるとか、嗄《しわが》れた声を出すとかである。まとめれば、目や耳で認識しやすい、言ってみれば「ハードウェア」としての人間の特徴とでも言えばいいか。

しかし、その一方で、それには、職業――大工であるかウェイトレスであるか野球選手であるか売春婦であるか、という社会的な立場、階層のなかの人間としての特徴がある。さらに犬に弱いとか、饅重に目がないとか、ジャイアンツの原が大好きだとか、イクラが大嫌いであるとか、拳銃のコレクションをしているとか、そういう特徴もある。職業やそういう好き嫌い感覚を中心とした特徴――言ってみれば、目や耳で直接には認識しづらい、言ってみれば「ソフトウェア」としての人間の特徴もあることは確かである。

ハードとかソフトとか自分でもあまり使い慣れていない言葉を使ったが、これはコンピューター用語で言うところの「実体《ハード》」と「機能《ソフト》」というようなものの類推（アナロジー）で語るとわかりやすいと思う。ハードは外面、ソフトは内面という言い方もできる。そして、この二つをいっしょにしたものをわたしはとりあえず「その人間のキャラクター」と呼ぶが、この二つ（すなわちハードとソフト）は、まるっきり脈絡なく一人の人間に同居するものではなく、ある相互関係があるのではないか、というのがわたしの人間《キャラクター》観である。

ただ「声が嗄《しわが》れている」のではなくて、なぜ声が嗄れていたかを探求することによって、その人物の生きてきた場所や生活までも表現できるとしたら、これは立派な創造と言えるのではないか。

強引にまとめることになるが、「キャラクターとは何ぞや?」と考えて、いろいろ思案したあげくに現在、わたしが辿り着いた一つの結論は、上記のようなソフトとハードを統合した上での

「その人間、固有のものの見方のことをキャラクターと呼ぶ」ということである。

しかし、言うまでもなく、その劇にこそ有効なキャラクターを作る上で重要な示唆が、その劇の礎《いしずえ》たる脚本には必ずあるはずなのであるが。

1992年9月24日

オーツー・コーポレーション・プロデュース公演　『In Cafe』

1993年4月3日～11日　作／堤泰之(他)　演出／高橋いさを(他)　全労済ホール／スペース・ゼロ

『In Cafe』の顔合わせに

『In Cafe』について

はじめまして。演出の高橋です。

今回の芝居は、チラシにある通り「三作家、三演出家によるライブ・シアター」で「とある喫茶店を舞台にした三つの物語」です(正しくは「喫茶店を起点とした三つの物語」ですが)。その三番目が我々が作る芝居(堤泰之さんの作品)です。

それぞれの話しは直接は関係はなく、一つ一つが独立した作品であると考えてください。

三話通しての全体稽古はスケジュール表にある通り行なう予定ですが、全体稽古及び劇場入《こや》りしてからの命令系統に関しては、今後、第一話、第二話の演出家たちと話し合いをした上でクリアにしたいと考えています。

これだけのメンバーがいながら、四十五分余りの小品であるということは、演出家としてはモノ足りないことこの上ないのですが、三本のなかで一番面白いものにしたいと望んでいます。

こんな文章を書いていることからもおわかりかと思いますが、わたしはノートを作るのが好きなヤツでして、その作品への意気込みとか思いとかをいちいち言葉にしないと気がすまないトコがあるようです。

もっとも、短い稽古期間でわたしができることなどたかが知れてるのですが、このチームを率いていくものとして、何を目的にこの芝居を作っていくのかはこういう形でみなさんにお渡ししたいと思っています。

この芝居に限ったことではありませんが、人間にとって大切なことをキチンと、あくまで面白く描けたらいいと考えています。

少数の役者さんを除いてこの芝居ではじめていっしょに舞台を作るわけですが、楽しく、そして願わくば刺激的な一ヶ月が過ごせればいいナと思います。

短い間のお付き合いですが、この出会いがステキな出会いであることを祈っています。基本的には、稽古開始時間から六十分をめやすに各自それぞれのやり方で構わないので、①身体を動かしておくこと、②発声をしておくこと――をお願いします。

それ以降は、台本にのっとって場面《シーン》の稽古に入る予定です。

1993年3月4日

劇団ショーマ公演

『逃亡者たちの家』

1993年8月15日〜23日　作・演出／高橋いさを　全労済ホール／スペース・ゼロ

『逃亡者たちの家』のためのノート

顔合わせに

東京では一月の『上海ＣＲＡＢ』以来、半年ぶりに公演に取り組む。

前回公演の興行成績の不振とか、劇団員の退団とかあまりうれしくないニュースが続き、意気消沈しているモンもいるだろうが、「人生楽ありゃ苦もあるさ」ってなもんで軽く笑い飛ばしたいもんだ。「最悪の条件は、状況が変われば最高の条件になる」とは、オードリー・ヘップバーンが盲目の人妻を演じたスリラー『暗くなるまで待って』（一九六六年、テレンス・ヤング監督）のキャッチ・コピーだが、わたしは人生のクライシス・ポイントで、いつもこの言葉をつぶやいていたような気がする。そして、この映画の盲目の主人公が電球をぶち割り、部屋を暗闇にすることによって悪漢たちに立ち向かったように、発想を逆転させて、こういう危機を乗り越えたいと切に願う。言うなれば、我々は今、悪条件を好条件に転化させる能力を試されているのかもしれない。

幸い、今回は台本が稽古の初日にあるという(!)好条件での公演である。この条件の良さを生かして、観客が「まあ、面白かったよ」くらいの感想しか持てない舞台ではなく、びっくりして「!」、感動に言葉を失う「……」というようなハイレベルな舞台を作りたいと思う。

わたしたちも、生活という名の現実が日増しに重くなるお年頃を迎えつつあるが、楽しい一ヶ月半をすごしたいと思っている。演技者としての創意工夫と劇団構成メンバーとしての前向きさを期待するゆえんである。頑張ろう!

活劇エンターテインメントとしての『逃亡者たちの家』

この劇には、いろんな「逃亡者」が登場する。警察から逃亡しなければならない殺し屋(犯罪者)、不本意な結婚から何とか逃亡しようとする花嫁、そして人生そのものから逃亡して自殺という道を選んだ男……。こういう具体的な「逃亡者たち」が、それぞれの目的と思惑によって動きまわる姿をまず生き生きと描きたい。殺し屋と自殺志願の男という対極的な人間同士の珍妙なやり取り。ホテルの部屋と教会の塔の上でのゼスチャーによる会話の楽しさ。花嫁衣裳を着ることになる男の葛藤。監禁された花嫁を奪還するために神父に変装する殺し屋の戸惑い。死にたいがために活躍してしまう男の人生の皮肉。狙撃の時間までにすべてを解決しなければならない殺し屋のサスペンス。逃げる花嫁をめぐる追撃戦のジェットコースター感覚のスピード感。そして、男が感じる死を決意したからこそわかる人生の輝き。こういった要素を総動員して、誰が見ても楽しめるエンターテインメント感覚に溢れた舞台にしたい——というのが第一の願いである。

が、あわよくば、立場も環境も異なるこれらの「逃亡者たち」が、ある一つの事件を通して何を得、何を失うのか？ そして、逃亡が終わり、帰っていく「家」があるとしたら、それはいったいどこなのか？ 翻って、神の視点でこの世界を見てみたとき、我々はみな死という終末からの逃亡者ではないのか？ そして、この世界（地球）は決して逃げることのできない大きな大きな「逃亡者たちの家」ではないのか？ ——といった芸術的イメージに富んだ魅力的な比喩《メタファー》としても語れるような作品になったらいいなア、と思っている。

1993年7月7日

現代演劇の演技について考える

リアリズム演技への回帰

演技という行為を考えたとき、一九九〇年代に入って、かつて時代を画した演技とは違う一つの大きな演技の傾向がある。一言で言ってしまえば「リアリズム演技への回帰」の傾向である。それを感覚的に言えば「叫ぶ演技」から「フツーの演技」への移行とでも言えるか。新劇的演技への回帰と言ってもいい。

確かに、わたしが今面白いと思う劇団の芝居――例えば東京壱組や東京サンシャインボーイズの芝居は、かつての「新劇」と呼ばれた芝居の演技方法と同じような方法で作られていると思う。

それがどんな演技かと言うと「化ける演技」とでも言えばいいか。二十代の役者が平気でじいをやったり、婆さんをやったり、鬘をつけたり、ホクロをつけたり、まア、そういう人為的な作為を施すことで、その役になる（いや、正しくは「その役を楽しむ」というニュアンスの方が近いか）――という演技方法とでも言えばいいか。こういう芝居にほうと感心するにつけ、我々の演技というものがどういうものだったか、また、今後どういう風にあるべきかを考えざるを得なかったので、我々の演技との比較のなかでそのへんのことを書いてみようという気になった。

化ける演技

キャラメルボックスの成井豊《なるいゆたか》さんに、「化ける演技をどう思うか」と聞いたら面白い答えが返ってきた。――「嫌いです」

単純明快。こう言い切ってしまう潔さに感心した。彼は続けて——。

「僕らは新劇を見て育ったわけじゃない。僕らが面白いと思ってみてきたつかこうへいの芝居や遊眠社、第三舞台、みんなそういう演技を否定していたし、小劇場演劇の面白さっていうのは、役作りとかそういうことの面白さじゃなくて、若い俳優たちの等身大のエネルギーをストレートに観客にぶつけることだったはずでしょ」

まさにその通りである。わたしの演劇の出発点になったつかこうへいなどという人はこのへん徹底していた。「役作りなどというものはブタに食われろ」——つかがこう言い切ったのは、きっとこういう誠実さからではなかったか、と想像する。

「俳優と呼ばれるだけで、仮面を取り替えるように自分以外の他人をいくつも演じることができるなどという幻想を捨てろ。お前はお前でしかない。どんな人間を演じようと、それは結局お前の肉体、知性、品性、教養、体験その他諸々、要するにお前の人間性の規模を上回るものなどあるはずもない。役作りなどという芸術家面した嘘臭いことをするな」

こうして颯爽と登場したつかこうへいは、それまでの演技を革新したと言っていい。それは、まだるっこしい新劇の演技より速く、切れがよく、直截的な演技だった。そして、それは当時の演技においては革新的かつ前衛だった。たとえるなら、素手で闘うことを前提としていたプロレスに、初めてナイフを持ち込んだというような比喩で語れるような種類のものだったにちがいない。言うなれば一種の「反則技」としての演技。そして、それがわたしにとってはフッツーの演技だった。

キチンと生活を持った人々

率直に言って、わたしには反省がある。反則技を信奉したゆえに、あまりに基礎がないということかもしれない。プロレスはやはりナイフを使ってはいけない、という言い方もできるかもしれない。いや、正しくはナイフで相手に飛び掛かっていくような演技に快哉を叫んだ時代もあったが、今、ちょっとそういうモンではない演技をキチンとこなせるようにならねば、と思うようになったということか。

そして、わたしが漠然と考えているのは、「記号としてではなく、一人の人間を誠実に作る」ということに他ならない。それが新劇的なのかどうかは関係ない。ただ欲求としてあるのは、劇作家の書いた人物を戯曲の記号として舞台を飛び回るだけではない、キチンと生活を持った人々がそこにいなければならない——ということだ。登場人物それぞれに、それぞれの生活があってこそ、ドラマは全体としてこの「世界」により近付けると思うのだ。だから、「役作り」という作業にそれぞれがアプローチしてほしいと思っている。

まとまりのない文章になってしまったが、演技を考える上での、きっかけになればいいと思う。

1993年7月7日

キャラメルボックス・アナザーフェイス公演　『嵐になるまで待って』

1993年10月1日〜18日　作／成井豊　演出／高橋いさを　聖蹟桜ヶ丘アウラホール

『嵐になるまで待って』のためのノート〔1〕

「揺れるカーテン」というモチーフ

舞台は一面、カーテンで覆われている。合計十七ヶ所。色は濃淡の違う紫。

演出の舞台造型上の視覚、聴覚的な創意は、このカーテンをクライマックスの嵐のシーンで思い切りはためかせてみたいということだった。吹き荒ぶ突風、激しくふりしきる雨、時折雷鳴が聞こえるなか、バタバタと音を立ててはためくいくつものカーテン。そのなかで、ユーリと波多野の対決をしたいと思ったのだ。

技術的には、大小のいくつもの扇風機を仕込み、この風をカーテンに後ろからブツけて、揺らしたいと思っている。

基本的には、波多野が登場する際「いつも風とともにやってくる」というイメージがあって、波多野が登場するシーンには常にカーテンが揺れる……というのがいいと思っているのだが。また、カーテンの後ろの「シルエット姿の波多野」というイメージも大切にしたい。

しかし、クライマックス・シーンや波多野の登場シーンのみならず、他のシーンにおいても登場人物たちの心の動きとシンクロするように、カーテンが揺れる——というのがこの劇におけるカーテンと人物の関係であると考えてもらっていいと思う。

ま、ワンパターンと言われるかもしれないが、基本的には『また逢おうと竜馬は言った』における「揺れる帆と揺れる心」というアプローチと同種のものと考えてもらっていいと思う。

舞台監督サン、できうる範囲で構わないので、さまざまなパターンの風を用意してください。すなわち——。

ピアノの旋律のような微風（ユラユラ）、不安の予感がする弱風（サワサワ）、快い管弦楽のような中風（ヒラヒラ）、ドラムを叩き付けるような強風（パタパタ）、ティンパニとシンバルが鳴り響くような激風（バタッバタッ）……。

1993年7月19日

『嵐になるまで待って』のためのノート〔2〕

この劇は何を描いているのか？

基本的なストーリーは二つあると考えていいと思う。

①縦糸になっているのは、「音声感応力者」波多野によって声を奪われたユーリが、録音の初日までに声を取り戻せるか――というサスペンス・ストーリー。ユーリとその協力者・幸吉は奪われた声を取り戻すために行動し、広瀬教授という頭脳《ブレーン》の力（後ろ盾）を得て、ユーリのことを「単なる小娘」くらいにタカをくくっていた波多野に対して予想もしなかった反撃をすることになる。声は結局取り戻すことに成功するが、これは結果的に波多野を自殺に追い込むという形で幕を閉じる。

②横糸になっているのがユーリの幸吉に対する切ない思いを主調としたユーリと幸吉のラブ・ストーリー。このストーリーはユーリの片思いに始まって、二人が今までよりグッと距離を縮めるという形で完結する。

この二つの大きなストーリーが織り成す世界が、この作品であると考えることにする。

サブ・ストーリーとして織り込まれているのが、波多野とその姉、雪絵の少々屈折した姉弟愛のストーリーであると考えればよいと思う。要約すれば、こんなことになるか。

声優の卵、君原ユーリは、音声感応力者の作曲家、波多野の秘密を知ったゆえにその罰として声を奪われる。ユーリはボーイフレンドで新聞記者の北村幸吉の協力を得て、受かったオーディションの録音の日までに、何とか声を取り戻そうと必死になる。果たしてユーリと幸吉は録音の日までに声を取り戻すことができるのか?

声の奪回を縦糸に、ユーリの幸吉への淡い恋心を横糸に、また超能力者、波多野の恐怖に震えるユーリたちの姿をサスペンスフルに描くサイキック・スリラー。

信じることの大切さ

こういうタイトルだと、何か照れ臭いのだが、この劇を通してこのテーマがキチンと観客に伝わればいいのではないかと思う。当たり前のことで、ついつい忘れがちなことではあるが、「誰かを信じるということの大切さ」というのは、万古不易、普遍的なテーマであると思う。劇中、二人はこんなやり取りをする。

ユーリ――幸吉くんは信じてくれる? とっても変な話しだけど
幸吉――信じるさ。ユーリがオレのこと信じて話してくれるならそういう意味では、「誰かを信じることの大切さ、尊さ」をめぐってのドラマとして、この劇をとらえてみるのはそんなに的外れではないと思う。

少なくとも、ユーリは幸吉を、幸吉はユーリを信じたゆえに、この物語は展開（前進）していくのだ。

この前向きな健全さこそ、成井豊さんの世界の普遍性だと解釈してみる。

世の中には、たくさん悪い奴、醜い奴、どーしようもない奴もいる。人間、そんなに綺麗なもんじゃない。そういう認識は誰だってあると思う。誰も信じたくない——そんな気持ちになることもあるだろう。

が、あえて、こんな純粋で、こんなに健気で、こんなに情熱的で（でも自分にコンプレックスを持っていて）——という主人公をド真ん中に据えてこの物語はある。皮肉を言いたい奴には言わせておけばいい。ユーリは間違いなく、僕らにとってヒロインと呼べる女の子であるにちがいないのだから。

「頑張れ、ユーリ！」——スリラー（恐怖の物語と言ってもいい）の装いを持った話しだが、そう心のなかでつぶやけるようなラストシーンになればいいなと思っている。

1993年9月1日

『マリーの悲劇』

「ホテル蓼科」ミステリー・ナイト・シアター

1994年12月23日〜24日　作／川添法臣　演出／高橋いさを　長野県アートランド　ホテル蓼科

『マリーの悲劇』のためのノート

作品について

こんにちは。今日から稽古に入ります。

稽古を始めるにあたって、ちょっと強調しておきたいのは、稽古時間の少なさです。スケジュール表の稽古時間を単純に足してみても、合計四十八時間しかありません。この時間内にひとつのモノを作らなければならないのですから、これは結構タイヘンなことなのではないかと予想しています。

台本をお渡しする時間が約束より遅れたこともあり、よけいに苦労をかけてしまって御免なさい。が、この稽古時間の短さを逆手に取って、集中してこの時間を有効に使いたいと思っています。みなさんの熱意と努力を乞う所以《ゆえん》です。さて、内容に関して少し触れておきます。

チラシにも謳われているように「冬のリゾート・ホテルを舞台にした笑いとサスペンスの〝体感する〟参加型ミステリー・シアター」というのがこのイベントの内容のエッセンスです。「冬のリゾート・ホテル」（＝ホテル蓼科）というのがミソと言えばミソで、ちゃんと調べたわけではないのですが、東京のシティ・ホテルでないこういう場所での参加型ミステリーものは、初の試みということらしいです。

そういう意味では、確かにちょっと今まで行なわれたミステリーものとは一味違うのではないかな、と思っています。「雪」がちゃんと降ってくれるかどうかとても心配ですが、今年の五月にわたしの関わった新幹線を舞台にした参加型の芝居（キャラメルボックスの人たちといっしょに作った『やまびこ67号、応答せよ！』）の経験から言うと、こういう現実の空間を使っての芝居の一番の面白さは、まさに、そこが虚構の空間ではなく「現実の空間」である――というその点に尽きます。最初は「新幹線のなかで芝居なんてなあ」と溜め息をついたりしていたのですが、実際やってみると、これがまた面白いんです。で、何が面白いかと言うと、実際に「走っている新幹線の車内」というリアリティが、これはもうリアリティがあるとかないとか言う次元ではなくて、ホントに走っているわけで、座席に座っているだけで伝わってくる情報の多さ――疾走中の振動とかビュンビュン流れ去る風景とか――は、何にも代えがたいと思ったものです。あのとき、確かに「僕の心も新幹線といっしょに走っていた」という風に感じました。

と、そういう意味で言えば、このミステリー・ナイト・シアターもホテルの窓から見える冬の風景とか、遠くで聞こえる風の音とか、窓を伝わる水滴とか、一歩ホテルの外に出るときに感じる肌を刺すような気温とか、そういう「現実」がこの劇をいっそう盛り上げてくれるのではないかと期待しているわけです。

お客さんの「旅行している」という非日常的な気分に乗じて、劇場では味わえない劇的な高揚感を体験してもらえれば——と思っているのですが。それは例えば、窓の外を吹き抜ける風の音がとてつもなく不安に聞こえるとか、庭園に降り積もる雪の白さがいつもより美しく見えるとか、そういう意味において。

笑えて、しかもサスペンスもあって、なおかつ客にスキあらば涙さえ流させる——そんな心揺さぶる夜(=ミステリー・ナイト)にしたいと思っています。

厳しいスケジュールのなかの稽古ですが、楽しくワクワクした日々を送れたらいいな、と思っています。

1994年12月14日

劇団ショーマ公演　『アメリカの夜』

1994年4月9日～20日　作・演出／高橋いさを　新宿シアターサンモール

『アメリカの夜』の顔合わせに

顔合わせに

去年の八月以来、第二十一回公演に臨む。一九八七年に初演した『アメリカの夜』を再演する。作品選択の経緯を簡単に記すと、ホントは新作の予定だったのだが、一月五日の段階で、制作部が不安材料が多すぎるという判断で、前から公演案として挙がっていたこちらを選択したという次第である。

本来、演目の決定権は制作部にあり、これは了承してもらっているはずであるが、なんでこんな経緯をわざわざここに書くかと言うと、この劇団は、「あの人たちの劇団」ではなく、「我々の劇団」であるという幻想をまだわたしは持っていることを表明したかったからに他ならない。このとんでもなく困難な――しかし、ありうべき集団を実現するには、それを構成する「個人」の質がすべてを決めるのだろうなア、と、そんなことを考える昨今である。

しかし、実際問題として、そんな悠長なことを言ってられないのも事実で、とにかく「面白え芝居」を打って、動員を延ばし、いろんなトコからお呼びがかかり、ギャラが入って楽しい楽しいという状態を作らなければならない、と切に思う。ああ！　面白え芝居！　人々を魅了してやまない舞台の熱気！　それぞれの人生を生きる観客が、ほんの一時、現実を忘れ、ともに笑い、ともに涙する至福の時間！　それぞれの人生を生きる観客が、ほんの一時、ふだん忘れていた感情を思い出し、小屋を出てポッンと「さて、オレはどうやって生きようか」とつぶやけるような芝居！　「人生はつらいが面白い」と誰もが思えるような、楽しくて楽しくて、でもそれと同じくらい切なくて切なくて、そしてピリリと苦みが効いていて……そんな芝居が作りたいなア。

『アメリカの夜』について

さて、『アメリカの夜』である。

この芝居の初演は今から七年も前だということを知ると、ちょっとびっくりする。初演の台本を読み返してみて、真っ先に思ったのは「馬鹿馬鹿しいーッ」という一言に尽きる（これは、たぶん『ウォルター・ミティにさよなら』を「若気の至り」と感じている感覚に似ている）。

で、論法としては、この馬鹿馬鹿しいだけの芝居に、現在の我々が取り組む以上、「深み」とか「含蓄」とか「苦み」とかそういう要素をキチンと盛り込みながら新しい舞台を作らなければ――という言い方はできるのだが、なんかそういう考え方だと足元をすくわれてしまうような気がする。

たぶん、この芝居の「正しい演じ方」は、初演に輪をかけて、どこまで徹底的に馬鹿馬鹿馬鹿馬鹿しく演じることができるのか――そこにポイントを絞った方が賢明であると思う。

それは、例えば「人生をナメるにしても、そのナメ方が徹底していれば、それはある種の爽快感になる」というレトリックで言えるかもしれない。馬鹿なことを真剣に演じる面白さ。

しかし、作者としては、「単なる時間潰しの、馬鹿馬鹿しいだけの芝居ではないのだぞッ。荒唐無稽なファンタジーの装いはしているが、ここには、男と女のありうべきロマンスと人生の勝利をめぐる寓話を、それを見る人間の視点をキチンと取り入れて表現した極めて真面目なテーマが内含されているのだッ」と主張できなくもないのだが、そんなのは隠し味として秘めていればいいことだと思う。

また、演出家としては、先に書いた「深み」とか「含蓄」とか「苦み」とかそういう新しい要素は、当然あっていいと考えるが、それは意図して現出してくるものではなく、結果として現在の我々の感受性や肉体のなかに滲み出てくればいいものだ、と思っている。

ともあれ、いい芝居を作りたいと思っている。刺激的な五十八日間を過ごしたいと切に願う。

１９９４年２月22日

『アメリカの夜』の演出プラン

いかに舞台を造型するか

舞台になっているのは「映画の世界」ということになっている。すなわち、虚構の世界。このへんをモチーフに舞台を考えると、例えば、撮影所における「張りぼて」のような舞台裏を意識した舞台造型はできると思う。あるいは、極彩色のドラマティックな色合いによって、嘘臭さを強調してみるというのも一つではあると思う。しかし、何かそういうのはピンとこない。

今、わたしが考えているのは、（またかと言うわれそうだが）「ボクシングのリング」というモチーフである。これは、クライマックスがボクシング会場になっているという点はもちろんだが、この劇における服部と小野寺の「対決」を、リングで展開するという点においても、二重の意味を持たせることが可能なモチーフではないかと思っている。これが、演出の第一モチーフである。

第二モチーフとしてあるのは、「スクリーンの向こう側とこちら側」を観客に強く意識させるような舞台装置というのは可能か、というところか。

現実の世界から侵入した人々と映画の世界の登場人物たちによる「映画の夢をめぐる追っかけアクション活劇」と、この物語は規定していいと思っているのだが、現実の世界の人々が、スクリーンのなかに侵入、及び退場する場面を、いかにうまく視覚化するか——は重要なポイントであると思う。(台本のなかで「ドヒャーン!」と服部が言って出てくるところや、小野寺たちが死んで同じように去っていく場面です) 以上のことを一つにまとめてシンボライズするとしたら、こういうことになる。すなわち、スクリーンのなかのリング、言葉を変えれば「虚構の決闘場」……。このへんを手掛かりにしてもらって、舞台美術の第一プランを作っていただけるでしょうか。シンプルかつ作品の内容を視覚化しているプランを期待しています。

それと、これもいつもの(?)の希望で恐縮ですが、アクティング・エリアは、一ヶ所ではなくて、二ヶ所(以上)ある方がいいです。

作品解説

参考までに、プレス用の文章と美術プランを作るにあたり書いた文章を併録する。

> 一九八七年、劇団ショーマが初演した『アメリカの夜』がスケール・アップして帰って来る! 映画のなかへ侵入した現実の人間と映画の登場人物たちの追撃戦というファンタジー

に溢れた設定のもと、「映画の夢」をめぐってそれを紡ぐもの、それを壊すもの、それを守ろうとするものの攻防を、スピード感溢れる演技で見せる劇団ショーマの娯楽アクション演劇の決定版！

★

一九八七年に初演した『アメリカの夜』を再演する。再演の希望が一番多かった作品で、確かに今、読み返しても、その脳天気さには見るべきものがある。すっかり大人になった我々が、どこまでこの脳天気なだけな芝居に深みを与えられるか——なんて真面目なことは、全然考えないことにしよう。この夢のように馬鹿馬鹿しい芝居を、さらにグレード・アップしてどこまで徹底して馬鹿馬鹿しく演じることができるか——私がこだわるのはその一点だけだ。言うまでもなく、夢は現実の裏返しだと思うから。我々劇団も結成十二年目を迎え、今後の劇団の方向性を模索しつつある状態だが、原点に帰るつもりで、この「演劇」という規模を楽々と越えている自由で破天荒な活劇に、再度、取り組んでみようと思っている。
ともあれ、憂世の不景気で滅入る気持ちなんざア、軽く吹き飛ばす景気のいい芝居を作りたいと思っている。

1994年2月21日

劇団ショーマ公演

『八月のシャハラザード』

1994年8月16日〜9月7日　作・演出／高橋いさを　シアターVアカサカ

『八月のシャハラザード』の顔合わせに

劇団の第三期

四月の『アメリカの夜』以来、三ヶ月——第二十二回公演に臨む。

細山毅《ほそやまたけし》のいないショーマである——という言い方が真っ先に出てくるのだから、やっぱり彼の存在は、なんだかんだ言って、現在のショーマにとって大きな位置を占める存在になりつつあったのだと思う。残念なのは言わずもがな。

しかし、そんなことで意気消沈していても始まらない。とにかく、いいもんを作っていかなければ、と思う。

この前の総会のときにも言ったが、これからは劇団ショーマの「第三期」という思いがわたしにはある。加藤忠可が去った時点で「第一期」（一九八二～九〇年）、細山が去ったこの前で「第二期」（一九九〇～九四年）、そしてこれからが「第三期」である。ま、状況としては、「時代の風は高橋いさをに吹いている！」というような感じでは全然ないが（ああ）、どこまで頑張れるかやってみようと心に誓う今日この頃である。どちらにせよ「〝メタ・フィクション作家〟としてだけで殺されてたまるか！　オレの本当の〝仕事〟はこれからが本番だ！」という執念と虚勢だけは持っていたいと思う。

さて、今回は新作である。

他の劇団の仕事だとホイホイやってしまうくせに、いざ自分の劇団となると、「書けない病」が始まって、制作部にはまた迷惑をかけてしまった。御免なさい。「稽古の初日にボーンとすべての台本がある〝プロ〟の作家になりたいッ」とつくづく思う。と言うわけで、台本は完成していないのだが、稽古をしながら後半の部分は出していくので許してちょんまげ。

と、こういうふざけた調子でこの文章を書くことができるのは、心に余裕があるからに他ならず、現在、この作品にわたしなりにしっかりとした手応えを感じているからである。きっと「新生ショーマ」のしょっぱなを飾るにふさわしい作品になると信じている。

今、僕らがやるべきこと

以下の文章は、情宣用に作ったものだが、紹介する。

一九九四年四月に僕らは『アメリカの夜』という作品を上演した。この芝居の初演は一九八七年なので七年ぶりの再演ということになる。七年前と言えば、劇団創立から数えて五年目。いわゆる「小劇場ブーム」と呼ばれるムーブメントも手伝い、劇団自体も勢いに乗っていた頃である。あの頃、僕らは、ピーター・ブルックの「なにもない空間」の向こうを張って、「なんでもある空間」をスローガンに、何もない空間だからこそ逆に、観客の想像力によって舞台は何でもある空間に変貌しうるという逆説を実践していた。狭く何もない舞台を俳優がスピーディに動き、無対象演技によって場面を構成していく作風だったせいもあって、僕らの舞台は「ジェットコースター演劇」と呼ばれるようになり、自分たちでもそれに便乗して自称するようにもなった。

当時、加藤忠可という滅法歯切れのいい動きをする役者がいたし、細山毅も劇団のホープとしての期待が集まってきた頃のことだった。演出家の思惑を超えて、このイキのいい二人の役者体があったがゆえに、「ジェットコースター演劇」は絵空事に終わらず、ある実体をもって舞台に結実したとさえいっていいと思う。そういう意味で言えば、再演した前回の『アメリカの夜』は、試行錯誤をくり返しながらも我々が作ってきた「劇団ショーマの芝居」の集大成と言って過言ではない。

しかし、残念ながら前回の公演をもって諸事情により細山毅は退団することになった。傍目から見れば、「大変ですねえ」と言ったところだろう。実際、大変ではある。しかし、劇団としても創立十二年、当時と状況も変わったし、メンバーも変わった。僕自身、今年三十三歳――もう立派な「いいオジサン」である。そして、考える。今、僕らは何をできるか。いや、何をすべきか。役者の動きの切れとスピーディな場面構成だけで一気に見せる「ジェットコースター演劇」のスタイルでなくても、表現できる何か。いや、僕自身、表現したいと強く望んでいる「若さ」だけでは表現できなかったもの――。

結成から十二年、集大成としての『アメリカの夜』を経て、さらに高いレベルの表現へステップ・アップした舞台をお見せしたいと思っている。

ココにいる根拠

――とまあこういうわけなのだが、つまり何がやりたいかというと、大きな意味で言えば「虚構の人間」ではなく「現実の人間」を表現したいということだ。

今回の芝居は、どちらかと言うと暗い話なのかもしれない。少なくとも「コメディ」ではないし、スタイルとしても得意技であるところの「アクション」とか「追いかけ」の要素も極力抑制しているつもりだ。

そういう意味では、「会話と芝居」で見せる芝居らしい芝居を作りたいと思っている。それは、楽しいことをするには年を取り過ぎたとか、そういう消極的な動機ゆえではなく、もっと深く、高いレベルの表現をしてみたいという積極的な動機ゆえである。

もちろん、「芝居はエンターテインメントである」というわたしの信念にはいささかの揺るぎはない。

が、わたしが芝居に求めているのは、面白いおかしい趣向を凝らしたエンターテインメント性だけではないのだ、きっと。それは、例えば「大人のためのエンターテインメント」と称して興行されるプロデュース公演と比較してみるとよくわかる。

わたしは、そういう公演では決して表現しないであろう人間を、ココでは登場させたいし、そういう商業演劇が、その機構《システム》上、決して掬《すく》い上げないであろう感情をココでは表現したいと思っているのだ。そして、我々がココで集まっている根拠とは、まさにそういうことを表現できる場だからである――と定義するのは間違いではないと思う。しかし、急いで付け加えるが、だからと言ってわたしは、ココで難解な実験劇をやりたいとは全然思わない。

★
『八月のシャハラザード』は、遭難し八月の大海原を漂流する人間たちの話しである。願わくば、この劇の結末がハッピー・エンドであるように、この漂流期間＝稽古期間が、この乗組員＝参加者たちにとって、驚きと楽しさと愛と希望と夢に満ちた航海でありますように。

1994年6月27日

『八月のシャハラザード』について

改訂について

こんな押し迫ってきた状態で、芝居のコンセプトを変えてしまって御免なさい。当初、考えていた「漂流もの」は、どーにもこうにもうまくいかず、「船」や「海」を重要なシンボルとして扱いながらも結局、こういう内容のものになった。こういう内容、すなわち——。

とある港町を舞台に、海の事故で死んで幽霊になってしまった男と、自分を裏切った人間への復讐に燃える男との出会いをきっかけに、それぞれの男が、それぞれの目的達成のために奮闘する姿をファンタジー性豊かに描く。

というものだ。

確かにテイストというか、感触が『逃亡者たちの家』を彷彿とさせる一種のジェットコースター演劇なのだが、これならみんなに生き生きと役を演じてもらえるのではないかと思っている。一種の「夢物語」であるにはちがいないのだが、この形式のなかにどれだけ我々が「演劇的」と呼べる要素を取り入れることができるのか――というのは大きな課題になると思う。

この物語には、いわゆる「語り手」に相当する人物がいず、タイトルにもなっている「シャハラザード」というイメージとどれだけうまく内容が結び付いていくかは心配なのだが、まあ、これは「この八月に劇団ショーマがお客さんを王様に見立ててお送りするファンタジックな夢物語」と拡大解釈してもらえればと思う。

来週いっぱいで台本は最後まで出すという勢いで取り組むので、前向きに善処してもらえればと願う。

意気消沈せずに元気よく演じてほしい。

1994年7月15日

注「シャハラザード」とは「アラビアン・ナイト」に登場する語り部の女の名前。

『八月のシャハラザード』について〔2〕

大急ぎだったが、台本は完成した。前にも渡したノートにも書いた通り、

とある港町を舞台に、海の事故で死んで幽霊になってしまった男（亮太）と、自分を裏切った人間への復讐に燃える男（川本）との出会いをきっかけに、それぞれの男が、それぞれの目的達成のために奮闘する姿をファンタジー性豊かに描く。

という内容のものであることに違いない。そういう意味では、亮太と川本の関係なり感情なりが、この芝居の主旋律を奏でることに変わりはない。このまったく違う世界に生きていた男二人が、ひょんなことで出会い、対立しながらも同じ旅をしていくというのが、この物語であると考えていいと思う。旅の終りに何が残るのか――そこが重要なところだと思う。サブ・ストーリーとして絡んで来るのは、梶谷とマキの底無しの愛憎の旅、ひとみと武志の若い恋の旅ということか。

旅、旅と妙に旅にこだわって書いているが、今回の芝居を船をモチーフにした舞台装置でやりたいのは、人間たちが目的遂行のために行なうこういう行為を、一つの旅=航海としてイメージ

付けられたら面白いと考えたからに他ならない。加えて、海というのは、この世知辛い世の中の暗喩《メタファー》にでもなろうか。これが視聴覚的な演出の創意である。

ま、こういう創意がどれだけ「芸術的な効果」として、観客に伝わるかはわからないのだが、船が舞台ということに関しての演出の企みは、少なくともそういうことであるということは了解しておいてもらいたい。

確かに、我々人間は、人生という海を、あるものは一人で、あるものは友と、あるものは愛する人と同じ船に乗って漕ぎ、「死」という終局に向かって進む航海者である――という言い方は可能である。

当初、戯曲の冒頭に掲げようと思っていて、ついに笑われるのが怖くて紹介しなかったが、この戯曲の大きなモチーフとなったのは、中島みゆきの『二隻《にそう》の舟』という歌である。

ともあれ「物語」(話しの内容)などというものは、演劇とにとってさほど重要な要素ではない――とここでは言い切る。演劇にとって重要なのは、そこにいる俳優が、いかに生き生きとその空間を活気づかせ、この世の中には実在しない幻の世界を現出させ、観客とその世界を共有するか――という点に尽きる。終演の後、観客たちの「どんな話しだった?」「幽霊と犯人が協力して事件を解決する話し」「へえ」という会話だけでは、決して消費されない演劇。あの役者のあの身体のあの躍動感! あの役者の言語化不能なあの表情! あの音楽とあの照明によって陰影を増しシアターVアカサカの舞台の上に現出するもうひとつの世界！　あの美術によって、ああも見えるしこうも見えるし、ひょっとしたらそういうことなのかもしれないというイメージの豊かさ！　このテキストを使って、そういう魅力をどれだけ盛り込んでいけるかが、今の我々の演劇的な成果ということになると思う。

後、正味三週間。遭難しつつも辿り着いたこの世界に、想像力のすべてを動員して取り組んでもらいたいと望む。

1994年7月25日

室井滋リサイタル公演

『室井滋のドレッサー』

1994年9月13日〜18日　作・演出／高橋いさを　池袋アムラックスホール

『室井滋のドレッサー』のためのノート

はじめまして

こんにちは、高橋です。

今日から稽古を始めるわけですが、このショーの演出者として、わたしがどんなことを考えているかをちょっと書いておきます。

サブタイトルにもなっていますが、これは、室井滋《むろいしげる》をメイン・アクターに据えた歌と芝居のナイト・ショーです。そういう意味では、純粋な演劇作品と言うよりは「芝居仕立てのコンサート」と考えてもらった方がいいと思います。

また、公演の形式もワンフード、ワンドリンク付きで、テーブルについて芝居を見る——という形式のものです。

そういう習慣のないわたしは、当初「ヘッ、酒を飲みながら芝居を見るなんて気障《きざ》なことが似合うものか、日本人に！」と思っていたのですが、この前、アムラックスホールでこの形式による「服部克久コンサート」を見てきたら、とても素敵で、そんなこともないなあと思うようになりました。

働く人たち（と言っても、だいたいは都会で働くサラリーマンやOLたちでしょうが）が、熱狂するわけでもなく、ほんとに気軽にビールを飲みながら歌とトークを楽しんでいる感じがして、すごく大人っぽい感じでした。そのコンサートのどこが大人っぽいなあと思ったかと言うと、きっと舞台と客席の距離感です。よく言えば節度があるということでしょうし、悪く言えば、決して相手の「痛いところ」まで踏み込まない情熱の欠乏が、なんとも大人っぽいのでした。

そして、わたしはそれがとてもかっこいいと思いました。

わたしは、ずっとパルコ劇場でやっていた『ショーガール』（一九七四〜一九八八年）という和製ミュージカルが好きで、いつかあんなものをやってみたいと思っていました。もちろん、あれは、都会派コメディの第一人者である福田陽一郎《ふくだよういちろう》さんが作ったものですから、それはとてもお洒落なステージでした。そして、あの舞台が木の実ナナという役者の魅力なしには語れないのと同じように、この『ドレッサー』も室井滋という役者の魅力なしには語れない舞台にしたいと思っています。

ぶきっちょ派の奮闘劇

室井なしには語れない舞台――どんな舞台がそういう舞台なのか考えて、ふと、室井さん本人が書いたこんな文章を思い出しました。ベストセラー（?）『東京バカッ花』（一九九四年）のなかの文章です。

> 私は人から『器用だね』と言われるより『不器用だけど、いい味出してる』と思われたり、『要領がいい』と便利に扱われるより『要領は悪いが最後までやりぬく』と信頼してもらえる方が嬉しく感じる。
> そして好みのタイプの人も、どちらかといえばスマートで世渡り上手な人よりもゴツゴツ不格好だけど、一生懸命頑張る人の方が好きなようだ。
> いろいろ失敗は重ねるけれども、試行錯誤しながら目的に向かっている人の方が見ていて気持ちがいいし、面白味があるのだ。
> 私は、自分の生き方や、人間の好みからいくと絶対に『ぶきっちょ派』だ。

ものを書く人間である自分を省みて言えば、もの書きが公にする文章などというものは、どこまでホントのことか疑わしいことこの上ない——なんて思ったりもするのですが、ま、一応、室井さんのこの言葉を信じるとして、このショーに出てくる主人公の女の子は、まさにこういう女の子です。

この芝居仕立てのコンサートであるところの『室井滋のドレッサー』は、「ぶきっちょ派」の代表のような付き人の女の子が、「いろいろ失敗は重ねるけれども、試行錯誤しながら目的に向かっていい」く物語です。宮島は、目的達成（＝リサイタルをやり遂げる）の同志として、高田さん（ら）はその敵対者として位置付ければいいのではないでしょうか。

こういう「ぶきっちょ」な女の子の奮闘ぶりを笑いとともに面白く、でも最後はそんな彼女の頑張りぶりがとーっても素敵に見える——そんな舞台にしたいと思っています。

1994年8月22日

劇団ショーマ公演『V.S.』

1995年3月14日〜19日　作・演出／高橋いさを　新宿シアターアプル

『V.S.』の顔合わせに

何を考えているか

去年の八月の『八月のシャハラザード』以来、半年ぶりに第二十三回公演に臨む。前にも書いたが、これからは劇団ショーマの「第三期」と考えている。制作体制も一新し、集団としても新しい気分でこの場に臨みたい。

★

さて、今回は新作である。

前の芝居みたいに（よくも悪くも）「甘ったるい」話しではなくて、追い詰められた人間たちが犯す犯罪と、その犯罪から逃れるために努力する姿をおかしく、切なく描いてみたいというのが今回の狙いである。親愛とか友情とか、そういうポジティブなものを描くのではなくて、憎悪とか嫉妬とか権力欲とか、そういう人間の暗黒面を、あくまで爽快に描きたい。いわば「裏返しの夢物語」をやりたいのだ。フランスには、「フィルム・ノワール」と呼ばれる映画のジャンルがあって、普通「暗黒映画」と訳されるが、それに因んで言えば、「テアトル・ノワール」というような世界を作れたらいいなと思っている（もっとも、ショーマには、ジャン・ギャバンみたいな親父俳優はいないから、もっと我々の生活感覚に根差したものになるだろうが）。

主体的に罪を犯し、自らの幸福のために何とかそれをごまかして他人のせいにしようと奮闘する人間像。善と悪の対立を描くのではなくて、そんなものを超越して生き残ろうとする人間たちの、いわばバイタリティとバイタリティの戦い――そんな世界を描きたいと思っているのだが。

チラシにも書いたが、もうそろそろ僕らも、「人を殺しても」全然おかしくない年頃に差し掛かったという認識がわたしにはある。やっと、この「世界」の中心的な行動者として、「世界」の一番深いところに関われる年齢になった――という認識だ。そして、若くもなく、かと言ってじいさんでもない三十代のこの生々しい感情を描くのは今だッ――というのがわたしの現在の考えなのだが。

とにかく――誤解を恐れず言うと、「よい子のためのメルヘン・ファンタジー芝居は豚に食われろ！」という理不尽なパッションがわたしにはあって、ああいう夢見るガキどもの心胆《しんたん》を寒からしめるハードな芝居にしたいというのが作品を考える上での大きな原動力になっている。

客演陣の紹介

今回は、音楽に伊東《いとう》たけし氏を、客演で演劇集団「キャラメルボックス」の近江谷太朗《おうみやたろう》氏をお呼びした。

伊東氏は、言わずと知れたジャズ・フュージョン界では屈指のサックス・プレイヤーである。『上海CRAB』のときのハウンドドッグの音楽の未消化な使い方を踏まえて、あのときとはまったく違う関わり方をしてくれる。すなわち、生のサックスを舞台で吹いてもらおうと思っている。伊東氏のサックスの魂と登場人物たちの魂が響き合えば、とてつもなく官能的な時間がそこに流れるはずだ、とわたしは確信している。犯罪と喇叭《らっぱ》。『タクシー・ドライバー』(一九七六年)や『死刑台のエレベーター』(一九五八年)を持ち出すまでもなく、喇叭と犯罪は、御飯と味噌汁みたいに相性がいい——というのがわたしの持論である。

また、近江谷太朗氏は、ずっと客演を希望していてくれて、今回、初めて参加してもらうことになった。キャラメルのなかでは、断然に外部志向の強い人で、要するに、それだけ自分自身の可能性に対して貪欲だということなのだろうが、男の多いこの劇団で、新しい自分を発見してもらえれば、呼んだ当事者として、これ以上の喜びはない。

稽古初日に台本ができていなくて、ホントに御免なさい。もう少し待っていてください。待たせた分だけ面白いものを書きますから。ご迷惑をかけることをここに陳謝いたします。

1995年2月7日

劇団ショーマ・スペシャル

『Masquerade（マスカレード）』

1995年10月25日〜29日　作・演出／高橋いさを　池袋アムラックスホール

『Masquerade（マスカレード）』のためのノート

内容紹介

逃亡中の殺人犯を逮捕するために、犯人の恋人だった女の監視を命じられた二人の刑事、宮城と山村。二人が監視する女は、加納静香という名の女。ところが、監視の最中にひょんなことから静香と接触してしまった二人の刑事は、「自分たちは前の家に住む売れない漫才コンビである」と口から出任せを言ったために事態は混乱していく。それぞれ違う目的で「男」を待つ女と刑事たちのおかしな交流とその顛末を、ピアノの生演奏をバックに描くおかしくてちょっと切ない物語。

ノート

これは草案です。ただ、内容に大きな変更はありません。

この劇は、アムラックスホールの特殊な公演形態——すなわち、丸いテーブルを囲んで、飲食するなかでのステージであるという公演形態を極力生かすためにはどうしたらいいか——という課題のなかで考えています。

つまり、本来、一方通行で固定的であるはずの「観客」対「舞台」の視線の関係を、「二つの舞台」を作ることによって、多面的で流動的なものにしうるのではないかという考えです。この方法なら観客の視線の動きに、従来の演劇では考えられない変化をつけることが可能だと思っています。現実的にどこまで「二つの舞台」というのが効果的に作れるか、まだ検討の余地は多分にあるのですが、アムラックスホールの公演形態（＝丸いテーブルを観客が五名くらいで囲む）ならば、これができるという点に作者は着目してます。

それと、音楽の要素があった方が、いろんな意味でのホール・メリットに適うという点から、また、主人公の女の子が台湾のプロフェッショナルなシンガー（伊能静）であるという点からも、クライマックスは、彼女のコンサートに置くべきだと考えています。

また、内容的なことを言えば、わたしは、ずっと「張り込み」というコンセプトに興味を持っていました。なぜなら「見る、見られる」という張り込みの視線の力学は、そのまま演劇（広く言えば芸能一般）のアナロジーとしてとらえられるからです。

ご存じの方はご存じだと思いますが、日本だと、松本清張の短編小説を映画化した『張込み』（一九五八年、野村芳太郎監督）という映画があったり、アメリカ映画にも『張り込み』（一九八七年、ジョン・バダム監督）という映画があって、これは、後者をかなり意識して作っています。

1995年8月2日

劇団ショーマ公演

『ゲームの名前』

1996年3月14日〜24日　作・演出／高橋いさを　新宿シアターアプル

『ゲームの名前』演出プラン

美術に関して

舞台は「鎌倉幕末村」というレジャーランド。この「レジャーランド」としての「幕末」をいかに視覚的に効果的に造型するか――これがひとつのポイント。これは戯曲の展開を見ればわかる通り、場面がどんどん変わるので、やはりある程度の抽象化が必要だと思われる。もう一つは、「立回り」をふんだんに取り入れた舞台作りをするという点から、立回りがある程度自由にできるような物理的な意味での広さを持った舞台造型をいかにするか。この二点がさしあたっての舞台造型のポイントであると考える。

幕末村というレジャーランドをいかに抽象的にシンボリックに造型化するか。ただ単に「レジャーランド」としての「幕末村」をイメージしていくのは、楽しい。こういうレジャーランドが現実に予定され、そのプランナー及び建築家として、その建築を発注されたら、たぶんいろんなアプローチの方法があるような気がするからである。だが、あくまで、この劇の内容に則して舞台造型を考えると、「江戸時代の芝居小屋」というモチーフが、この劇には似合うような気がする。この劇で描かれているテーマを、仮に「遊び《ゲーム》が遊び《ゲーム》でなくなるとき」「嘘がホントになるとき」「虚構が虚構でなくなるとき」というようなものと考えたとき、「芝居小屋」というモチーフは、どんぴしゃりとハマるような気がする。なぜなら、「芝居小屋」というのは、まさにそういう瞬間を現出させるための装置であると思うからである。それに、レジャーランドというのは、ディズニーランドを例にするまでもなく、町全体が一種の芝居小屋であるという言い方もできるわけで、この発想がそんなに的はずれでないことを示していると思う。で、なおかつ「幕末」という時代性を考慮すると、ちょっと「異国の匂い」がした方がいいと思う。

『ウエスト・ワールド』と『ゲームの名前』

一九七三年のアメリカ映画に『ウエストワールド』(マイケル・クライトン監督)というのがある。近未来。砂漠のなかにデロス・ランドというレジャーランドができる。ここには「西部開拓世界」「中世世界」「古代ローマ世界」と三つの世界がある。お客がここを訪れると、その相手を人間そっくりの精巧なアンドロイドが務めてくれる。主人公はそこを初めて訪れた主人公。しかし、そのアンドロイドを制御しているコンピューターが何らかの事故で暴走し始め、人々を襲い出すという内容である。いろんな意味で、作者は、この映画を参考にしているとおもわれるが、この映画を映画評論家の石上三登志《いしがみみつとし》（一九三九〜二〇一二）は、このように評している。

これは、実にすぐれた主題である。なぜなら、僕らが映画を見る事自体、原則的にはマーティンのウエスト・ワールド願望と大して変わりはなく、つまり我が身を危険にさらす事なく様々な別世界を体験する事にある。思想だ主張だといったところで、まず僕らはそんな気分のためにお金を払うのであって、映画館の暗闇は別世界への同化のための、かっこうの媒体と言えるのだ。つまりそこで僕らは夢を見るわけなのだ。その夢が逆襲してきたのである。このウエスト・ワールドを、例えば西部劇映画と考えれば、画面の中の連中が、観客にむけて拳銃をぶっぱなしはじめたのである。マーティン同様、本当は偽者さと安心していた僕らがぶったまげ、しかるに恐怖するのは当たり前……。

『吸血鬼だらけの宇宙船』（奇想天外社、一九七七年）所収

これは、例えば次のように言い換えることができる。

これは、実にすぐれた主題である。なぜなら、僕らが芝居を見る事自体、原則的には麟太郎の幕末村願望と大して変わりはなく、つまり我が身を危険にさらす事なく様々な別世界を体験する事にある。思想だ主張だといったところで、まず僕らはそんな気分のためにお金を払うのであって、芝居小屋の暗闇は別世界への同化のための、かっこうの媒体と言えるのだ。つまりそこで僕らは夢を見るわけなのだ。その夢が逆襲してきたのである。この幕末村を、例えば時代劇のお芝居と考えれば、舞台の上の連中が、観客にむけて刀を抜き斬りかかりはじめたのである。麟太郎同様、本当は演技者さと安心していた僕らがぶったまげ、しかるに恐怖するのは当たり前……。

こういう主題（＝夢の逆襲）の上で『ゲームの名前』を考えても、映画館に対応する舞台装置として「芝居小屋」というのは、悪くないと思っている。

それと、急いで付け加えるが、舞台は、立回りをやる上で一番やりやすい床面であることは重要である。

衣裳に関して

上記のような理由から、基本的には人物たちは、来客、出演者含めて「着物」が着たい。種類は、台本に即して考えてもらえればいい。ただし、麟太郎（侍と現代服）とめぐみ（町人娘と現代服）と沼田（新撰組と太鼓持ち）と寛ちゃん（丁稚と志士と現代服）の衣裳が増えた。しかし、ここは「幕末村」というレジャーランドであって「幕末」ではないので、時代考証を考慮した「厳密なリアリズム」は必要ないと思う。ある程度の遊びがあっていい。この「ある程度」がどんな「程度」なのかが問題ではあるのだが……。

「鬘《かつら》」に関することは、前に言ったこととそんなに大きく変化していない。繰り返しになるが、以下に記す。

○「出演者《キャスト》」と呼ばれる人々は、基本的に「鬘」をつけたい。しかし、極力、鬘は使わないにこしたことはなく（予算の都合）、自毛を元に、時代性が出るようなものになるなら、鬘をつける必要はない。

○「来客《ゲスト》」と呼ばれる人々は、基本的にちゃちなものでいい。東急ハンズのパーティー・コーナーで売っているようなもので。ただし、寛ちゃんは、「丁稚」から「志士」に変身した後はキチンとしたものがいいと思う。

1996年1月26日

劇団ショーマ公演

『極楽トンボの終わらない明日』

1996年10月30日〜11月10日　作・演出／高橋いさを　新宿シアターサンモール

『極楽トンボの終わらない明日』の顔合わせに

諦めないヒト

半年ぶりに第二十五回公演に取り組む。演目は一九八八年に初演し、一九九一年に再演した『極楽〜』である。手法としては、空間と時間がめまぐるしく転換していくいわゆる「ジェットコースター演劇」で、これは、そのひとつの「集大成」の作品だと言っていいと思う。その後、あえて言えば、高橋は「長い低迷期」に入る（本人に言わせるともう少し複雑なもんがあるのだが）。「低迷期」とあえてこの場で言うのは、いろんな意味がある。別のスタイルを模索するが、それがいい成果を生めない。それが大きな要因のひとつとなって有力な俳優が退団してしまう。さらにそれが元でいい作品を生めない――という悪循環。そして、集団としても、経済的にも創造的にもひとつの行き詰まりに直面し、劇団を維持していくことさえままならぬ状況に陥った。

先日、好きだった「東京壱組」（大谷亮介《おおたにりょうすけ》さんが主宰）が、現在公演中の作品で解散を決め、その弁が朝日新聞に掲載された。「どう作るかではなくどう続けるかに精力を使い過ぎ、本末転倒」というようなことが書いてあった。他人事ではない。僕らが大谷さんらの年だったら、たぶん解散を選択しただろう。

しかし、僕らは「解散」という方法をとらなかった。かっこよく言えば「諦め」なかった。そして、新人をいっぱい採った。この僕らの動向は、同世代の演劇人たちも注目するひとつの試みだと思う。

そういう意味で、「諦め」なかった僕らが、「諦め」なかった「あの男」の物語をここでもう一度上演することには意味があると思う。もう一度、この芝居を通過し、現在の自分（と集団）を「検証」してみたいと思っている。

★

客演には御馴染み、近江谷太朗。キャラメルボックスでは、他の劇団に客演ばかりしているせいか、いい役を最近やってないが、今回は、その恨み（笑）をここで爆発させてほしいと思っている。加えて、新人のなかから何人かを役につける。オーディションは今週の土曜日に行なうが、特に「看守長」の役はかなり重い役で、この役に決まった人はかなり大変だとは思うが、頑張ってほしいと思っている。また、役につかなかった新人たちも、めげずに「この芝居を根底で支えているのはオレだッ」という過信（？）をもって、さまざまな仕事をしてほしいと思っている。わたしは、そういう君らを見てるんだぞ。

作品と課題

初演の後、劇評家の扇田昭彦《せんだあきひこ》（一九四〇〜二〇一五）さんは、「現代社会のアレゴリー」（＝たとえ話し）としてこの芝居を評価してくれたが、確かに社会を「監獄」に読み替えるということの芝居の趣向は興味深い。言ってみれば、社会はまぎれもなく「監獄」でもありうるし、指導者とは「看守」であり、大衆は「囚人」であり、変革とは「看守の交替」であると読み替えができるからである。さらに、宗教的なレベルにおいては人間は「原罪」というのを背負って生きているわけで、人間はすべからく「犯罪者」であるとも言える（確かにオレは、ステーキを食って生きていたりするのである）。そういう意味では、この架空の刑務所を舞台に、わたしが描きたいのは、リアルな犯罪者たちの悲哀とかそういうものではなくて、まぎれもなく「現在を生きる僕らの姿」である。

再演のときは、入江雅人《いりえまさと》氏が演じるということもあって「魅力的な看守長の創造」というのが大きな改訂のポイントだったが、今回は、全編を一番若いシンペイという男の視点で描くというのが大きな改訂ポイントである。

ともあれ、〝長谷川権介というファンタジー〟をめぐって、現在の僕らの夢と現実を素敵に舞台化できればいいなあと思っているのだが。

で、ここからは現実の話しなのだが、お金がないのである。今後のためにも何とかしなければならないのである。制作費を前回の『ゲームの名前』の半分に切り詰めるということである。よって、舞台は飾れないし、衣裳もとても凝ったものを作る余裕がなさそうである。「荘厳な教会のセットのなかで、〝祈りの演劇〟としてこの芝居を上演したい！」と言っても制作が「お金がありましぇーん」と言うのである。ゆえに、「シンプルにすべてやる！」というのが最大の演出プランである。だから、舞台を見たお客さんに「金かけてねえなあ」と思わせるのではなく「うん、シンプルだが豊かな舞台だ」と思わせるような舞台にしたいと思っている。

もっとも、僕らはずっとそうしてやってきたわけだし、その経済的な貧しさを逆手に取って、豊か極まりない舞台にしたいというのが劇団主宰者も兼ねる演出家の願いである。「何もない空間には何でもあるのだ！」という初心。人生の危機にいつもつぶやく『暗くなるまで待って』のこのキャッチ・コピーを、いつもにまして声高らかに叫んで、みんなをアジテーションしたい。

「最悪の条件は状況が変われば最高の条件になる！」

1996年9月24日

『極楽トンボの終わらない明日』のためのノート〔1〕

視聴覚的な効果

「シンプルにやる!」という当初の演出プランに変わりはないのだが、舞台装置も「少しは立て込める」ということで、機能的な側面だけでなく、ビジュアル的なアプローチも試みることにした。モチーフは「鯨」である。舞台の背後に大きな白い鯨の尻尾が見えるというのがそれだ。これは、言うまでもなく、この「モビィディック」という刑務所のシンボルとしてとらえてもらえればいいと思う。実際、シンペイの夢の場面では「白い鯨を押さえ付けるゴンスケ」(=刑務所を攻略することに成功したゴンスケ)という描写があるし、うまくいけばなかなか面白いと思っているのだが。

それと、衣裳に関して。囚人たちはみな同じ柄のTシャツを着る。その胸に舞台装置と同じデザインの鯨の尻尾のロゴマークが入っているという趣向である。背中に囚人番号。

というわけで、視聴覚的な演出効果としては、「鯨」と「波の音」というのを効果的に使ってこの刑務所島のロケーションを印象づけたいと思っている。

また、最後の場面は「内地へ向かう船の上」という場面になるが、鯨の尻尾を効果的に見せれば、シンペイが鯨に乗って大海原を進んでいくようなイメージになり、これもとてもいい気がしている。

『極楽トンボの終わらない明日』のメッセージ性

顔合わせのときに配ったノートの補足をすれば、今回の芝居は初演、再演に比べてかなり「メッセージ性の強い」芝居になっていると思う。それは、シンペイという若い囚人の語りによって物語を進行させていくという方法が必然的に要求したものだと思うが、寡黙でただ行動だけを繰り返した若いゴンスケも、少し年を取ったということなのだろう。

だれからだれへのメッセージかと言うと、オジサンから若者へである。これは、新人劇団員を取って、再出発をしようとしている我々の現実とも重なっていて、とてもタイムリーな感じがするのだが、ここで語られるメッセージとは、こういうことなのではないかと思う。

すなわち「傷付くのを恐れず、何事にもチャレンジせよ!」――。とてもシンプルだけど、奥の深いメッセージであると思う。

実際、わたしの解釈だと、ゴンスケを死に追いやるのは、高山看守長の無慈悲ではなく、ゴンスケを一番応援(?)したであろうシンペイの(よくも悪くも)幼さなのである。彼の純粋な視線がゴンスケを殺すのである。ゴンスケはそのことを知っていていいと思う。つまり、自分はシンペイの視線によって殺されることを。しかし、それを知った上でゴンスケは脱獄を敢行する。その行動の真意をシンペイは、それから何年か経って知るということなのだろう。ゆえに最後の場面は、あえてこの言葉を使えば「成長した」シンペイということなのだと思う。

ファンタジーとしてのゴンスケ

〝長谷川権介というファンタジー〟をめぐって僕らの夢と現実を素敵に描きたいと前のノートに書いた。これをもう少し補足しておくと、やっぱりゴンスケというのは、現実にはなかなかいない人間なのではないかと思うのだ。人物試案に「管理されるのが大嫌いなヒモ野郎」みたいなことを書いたが、あくまで現実的に考えるとそういうことにならざるをえないような気がしたからそう書いたのであって、こういう背景はいっさい観客にわからなくていいと思う。下手に伝えようとすると、すごくチープなものになってしまう気がする。

よって、ゴンスケというキャラクターを決めるのは、現実の彼がどういう人間なのかということではなくて、ズバリ言ってしまえば、シンペイという「少年」との関係のなかで立ち現れるはずだと思うのである。シンペイの幻想がゴンスケという男を生んだとさえ言っていいかもしれない。ゴンスケはシンペイが一番嫌がるようなことをし、同時にシンペイが一番喜ぶことを実践していくべき男として位置付けるのがよいのではないか。さらに言えば、シンペイとゴンスケは、一人の男のなかに住んでいる二つの側面を代表しているキャラクターなのではないかと思っている。二人が明快に反対の性格を持つべきだと思うゆえんである。

1996年10月7日

『極楽トンボの終わらない明日』のためのノート〔2〕

『ゴドーを待ちながら』と『極楽トンボの終わらない明日』

この物語の真ん中にいるのは言うまでもなく長谷川権介という男である。そして、主軸になるのは、ゴンスケとそれを見て変化するシンペイの成長の物語である。その主軸に横糸として絡んでくるのが、ゴロさんとハナビの愛の物語であり、そんな二人の思いを理解している伊丹看守とそれに対立する高山看守長の戦いの物語である。

シンペイに代表される囚人とゴンスケの関係がバチッと決まると、いろんなものがよく見えて来ると思うので、この二人に関して考えていることを書く。

ベケットの『ゴドーを待ちながら』を、わたしは「待望されているが、決して現れないものをめぐっての寓話」と考えている（前にやったときは、劇の冒頭で『ゴドーを待ちながら』の大詰めを演じた。この芝居ではつかこうへいの『巷談松ヶ浦ゴドー戒』に変化している）。

この劇において、ゴドーに当たるのはゴンスケである。決して現れるはずのなかった「ゴドーがついにやって来た！」のである。しかし、このゴンスケという名のゴドーは、鮮やかな技術と実行力で、あっという間に塀の外へ消えてしまう奇跡の男ではなかった。猪突猛進型のドジ野郎だったのである。そんなやる気は満々だが、ドジなゴドーに対する人々の反応はさまざまだ。ある者は失笑し、ある者は微笑み、ある者は複雑な思いを持ち、シンペイは嘲笑うが〝ひっかかり〟を持つ。しかし、こいつはドジ野郎だったが、何度脱獄に失敗しても決して諦めようとしない。そんなゴンスケに、ある者は疑問を持ち、ある者は親しみを持ち、ある者はある種の恐怖感を覚え、シンペイは腹を立てる。

ファンタジー（夢）としてのゴンスケ

ところで、第三場で、ゴンスケがシンペイと会話をするのはなぜか。無理やりに解釈すれば、ゴンスケがシンペイに「興味を持った」とかそういう理由は考えられなくはないが、確かにわたしもピンと来ない。では、なぜ——と考えて、こういうことなのではないかと思った。ゴンスケは、まぎれもなく「シンペイ（囚人たち）のためにここにやって来た（派遣された）ゴドーである」と考えるのである。それは、例えば古畑任三郎《ふるはたにんざぶろう》が「犯人をかっこよく逮捕するために」事件現場に現れるのと同じレベルで。それは、例えば車寅次郎《くるまとらじろう》が「みんなをホッとさせるために」

毎回、同じように柴又に現れるのと同じレベルで。例えば、映画『ダイ・ハード』のジョン・マクレーン刑事が「悪人を撃退するために」いつも同じような災難に遭遇するのと同じレベルで。つまり、シンペイが最後にゴンスケのために一滴《ひとしずく》の涙が流せるような展開をゴンスケは「望んで選んでいく」ような存在であると考えるのはどうか。こむずかしく言えば、そういう「メタシアター的な人間像」（＝自らの行動をドラマとしてとらえ、劇的なことを意思的に選んでいくような人間）としてゴンスケをとらえるのである。

もちろん、こんな考え方を押し進めていくと、ゴンスケは「すべてを演技でやっている」というようなことになり、シンペイの見ていない場所での場面——例えば、脱獄に失敗し、ゴロさんに慰められる場面とかはどうするんだという声も聞こえてくるが、これも、ゴンスケが実は「望んで」迎えた場面であると考えることはできると思う（理由は、愛し合うゴロさんとハナビにより深い繋がりを確認させるためにである）。　そう考えるのが正しいような気がどんどんしてきた。例えば、ゴンスケが伊丹に撃たれて死んだとき「笑顔」なのはなぜか。それも、この解釈に基づけば容易に答えが出ると思う。

ゴンスケは、志半ばに哀れに死んでいく単なる脱獄者ではない。それだと「笑顔」で死ぬことはできない。では、なぜ「笑う」のか。「神話を完成させた」喜びであると考えてみる。ゴンスケはシンペイ（囚人）にとっての神話になるべく権力に挑み、他ならぬ伊丹看守に撃ち殺されるべく、伊丹に立ち向かう。そして、「望み通りに」射殺されることによって、その役割を完遂したことへの喜びゆえに笑う（もちろん、この神話を完成させるには、多くの囚人を傷付け、伊丹看守に至ってはゴンスケ射殺《ひとごろし》という甚大なダメージを与える）。

そう考えると、ゴンスケは、失敗すべくして脱獄に失敗し、人々の嘲笑を浴びるべくして浴び、罠に嵌められるべくして罠に嵌められ、権力に服従して人々に軽蔑されるべくして軽蔑され、もっともドラマチックに（彼はよりによって脱獄劇の上演中という一番イイトコ＝もっとも劇的な場面でキチンと逃げるのだ！）死ぬべくして最後の逃亡を敢行し死ぬ、と。

こう考えると、ゴドー（ゴドーは神《ゴッド》のアナグラムである）＝ゴンスケの図式がピシリと決まるような気がする。そういう意味では、ゴンスケにとって「すべては予定されていた」と考えることさえできると思う。まあ、とても画期的な『極楽』解釈案だとは思うのだが、実行性のほどは演じてみないとわからないところもあるにはある。しかし、そう考えると、冒頭の講釈師ハナビの「雨よ降れ！」という一連の台詞や伊丹の「高度に知的」というゴドー評も、まさにこの『極楽〜』のための言葉のように聞こえてはこないか？

1996年10月15日

劇団ショーマ新人公演　『バンク・バン・レッスン』

1996年12月26日〜29日　作・演出／高橋いさを　池袋シアターグリーン

『バンク・バン・レッスン』について

作品について

制作部に依頼されて、プレス用に次のような文章を書いた。

　七月に新人オーディションをやって、数十人の若者を採りました。いろいろ理由はあるのですが、今後の劇団ショーマを担う若手を育てたいというのが最大の理由です。「作家が書くのではない。いい役者が作家に書かせるんだ」という敬愛するつかこうへいさんの台詞を借りて士気を鼓舞して、八月から新人訓練を始めました。まだ海のものとも山のものともわからない彼らですが、すでに「何者か」になりつつあるわたしとしては、まだ「何者でもない」彼らの初々しさは、時に眩しくも見えます。

そんな彼らとともに、ここしばらくの間、劇団ショーマがかつて上演した演目を「新人公演」という形でやっていこうと思ってます。その第一弾が『バンク・バン・レッスン』です。

この芝居は、一九八四年に劇団ショーマが池袋のシアターグリーンで初演したもので、その後、コント赤信号の小宮孝泰《こみやたかやす》さんや室井滋さんらを客演に迎えて再演もしました。当時は『パズラー』という題名でした。出版の機会に恵まれ、その際、タイトルを『バンク・バン・レッスン』（論創社、一九九三年）という風に変えたのです。初演の時、僕は二十三歳だったことを知り、今思えば「早熟だった」と改めて感心して（笑）おります。

この芝居は、とある銀行を舞台に、銀行強盗の「襲撃訓練」に奮闘する人たちの姿を描いたものです。「訓練」と名乗りながらも、それぞれの「見せ場」ほしさゆえ（？）に、次第に虚構の事件を限りなくドラマチックにエスカレートさせていく人々＝ドラマチック・ピープルを笑いにまぶして描く悲喜劇です。

俳優としてのテクニックは、まだまだ未熟な彼らですが、その分、闇雲のパワーはあります。芝居の演出をするようになって十五年のわたしのテクニックと若い彼らのパワーが出会った時、どんな演劇空間が生まれるのか――我ながら楽しみな舞台です。実に十年ぶりに使わせていただくシアターグリーンの公演というのも、わたしに初心を思い出させてくれるような気がしています。

年末の忙しい時期での公演ですが、先物買いの楽しみを含めて、ご来場くださいますことをお願いいたします。

自画像としての『バンク・バン・レッスン』

新人の諸君といっしょに作るこの芝居への思いは、だいたいここに書き尽くされているので繰り返さない。

この芝居は、基本的に「ごっこ劇」である（当時はこういうスタイルの芝居が多かった）。リアルな銀行強盗のアクション演劇ではない。そういう意味でまず観客がげらげら笑える楽しい芝居にしたい。しかし、「ごっこ劇」という枠組みからはみ出す「何か」が、結果として表現できれば作品のグレードは上がると思う。その「何か」というのが何なのかは、稽古を通して明らかにしたいのだが。

ところで、我々は、演劇という表現分野を選んでここに集まっている人間たちである。広い意味で、「芝居する人々」というのは、「現実」というヤツに対して「ごっこ劇」を演じている人間たちであるともいえるわけで、この芝居に出てくる銀行員や警備員の「お芝居する」姿は、我々自身の自画像にもなる要素を多く持っていると思う。

本公演に向けて

この公演は小規模のものである。しかし、この公演の大きな目的のひとつに、その成果によって、来年の本公演の参加者を決めるということがある。そういう意味では、自分以外の人間はライバルと言っていい。しかし、断言するが、足を引っ張り合うような人間関係のなかからは、いいものは何も生まれない。

芝居を作るということは、その稽古から本番の期間を通じて、そこに集った人々を深く愛する過程と言い換えることもできる。役者は「他人から愛される仕事」だと思いがちだが、わたしに言わせれば逆である。誰よりも他人を愛する力が問われる仕事なのだ。浅薄なライバル意識を捨てて、相手役を愛するという作業を根本に置き、この芝居に取り組んでほしいと思っている。そう言うのは、わたしにとって「最高の観客」というのは、僕らが現実にどう傷付き、どうもがき、どう戦い、どう向き合っている——すなわち、僕らの獲得した「愛の軌跡」を確かめるために小屋に足を運ぶ観客だと考えるからである。

短い稽古期間であるし、生活との両立も大変だと思うが、くじけずにいい舞台を作りたいと思っている。頑張ろう！

1996年11月18日

劇団ショーマ公演　『イサムの世界』

1997年5月1日～13日　作・演出／高橋いさを　新宿シアターサンモール

『イサムの世界』の顔合わせに

創立十五周年を迎えて

季節は春、咲き乱れる桜が目を楽しませるなか、『極楽トンボの終わらない明日』から半年ぶりに第二十六回公演に臨む。

今年は、劇団創立十五周年である。十五年！　驚くに値する時間の長さである。生まれた子供が十五歳――今春、高校生になるわけか。刑期で換算してもかなりの重罪を犯していないとこの長さの罰は与えられない。

このすでに「歳月」と呼んでおかしくない時間に対する感慨がないわけではないが、今の我々にはとてもそんな感慨に浸っているようなヒマはないようである。

今年の頭に何人かの劇団員が劇団を去り、役者は川原和久《かわはらかずひさ》、山本満太《やまもとまんた》、木村《きむら》ふみひで、尾小平《おこひら》志津香《しずか》の四名になった。新人が現在十名。「新生ショーマ」と言っていい布陣である(最近は毎回「新生」しているような気がするが)。

ま、去っていった人たちに対してもいろんな気持ちがあるが、まあ、さよならの数だけ少しはわたしもオトナになれるはずだと、これらの別れをポジティブに考えるようにしている。

ともあれ「これでやっと終りってわけだね」という若い看守の言葉を受けてシンペイの答える「いえ、これから始まるんです」という『極楽』の最後の台詞は、僕自身の偽らざる現在形の言葉でもある。

というわけで、今回の芝居は、劇団の役者である四名に加えて新人を全員出す。もともと、何人かを選抜して出す予定ではいたが、状況が変わり、むしろ「新人を全面に押し出していけるようなもの」を作るというのが今回の芝居の大きな課題である。「冒険」と言ってもいい配役だと思う。

いきなり大役を務めることになる新人たちはいろいろ大変だとは思うが、このチャンスを頑張って生かしてほしいと思う。まあ、大役と言ってもそんなに難しい役ではない。このくらいのことは軽くこなしてほしいものだ。また、出番の少ない人もいるが、劇に前向きな姿勢で臨んでくれることを心から願っている。

劇団としてのテーマ

久し振りの新作で、まあ、いつもの通り苦しんで書いてはいるが、内容をざっと紹介しておこう。

> 精神病院を抜け出した記憶喪失の男。それにひょんなことから同行することになった「自分を未来からやって来た戦士だ」と思い込んでいる狂人と奔放な女子高生。この奇妙な三人組の「男の記憶を辿る旅」を縦軸に、三人の心の交流を横軸に、男の記憶を抹殺せんとする謎の組織と三人組を助けることになる探偵らの攻防戦を絡めて描くミステリー・タッチの冒険活劇。男は、果たして追撃の手を逃れ、失った記憶を取り戻すことができるのか。そして、男の失った記憶とは——。

というのが大まかな物語である。形式としては、ショーマお得意の「追っかけ」型のジェットコースター演劇で、そういう意味では、ミステリー仕立ての活劇であると言ってもいいと思う。「人間を描く」とか「オトナの芝居」というのが、三十越えてからの作家としてのわたしのテーマであったりはするが、なかなか力量がそれについてこず、今回も「じっくり人間を見せる」というような芝居ではない。が、わたしの使命は、ここに今いる俳優たちを適材適所、最大限に生かして芝居を作るということ以外にないのだから、その現在の答えがこの芝居である。

台本を見てもらえばわかるが、物語の構成上、いろんな「チーム」があって、「既存の役者たちと新人を極力いい形で絡めたい」というのが劇作上の大きな狙いである。「大御所」(?)と「新人」が同居していて、いわゆる「中堅」がいなくなってしまったというのが今のショーマの現状であり、特徴である。これが、必ずしも集団としてベストの状態だとは思わないが、まあ、これればかりは仕方ない。今は「過渡期」なのだと思うし、ここからいかに発展するかだと思う。

そういう意味では、この芝居を通して、「大御所」と「新人」がいかに素敵に付き合えるか、お互いを磨きあえるような関係を作り出すことができるのか——というのが劇団としての本当のテーマであるとわたしは思っている。

人と人が長く付き合っていくのはとてもむずかしい。大きなエネルギーがいるし、本人が一生懸命やってもうまくいかないときもある。しかし、今後、そういういくつもの障害が僕らの前に出現するであろうことを百も承知の上であえて言うが、やっぱりわたしは「ここ」で「世界で一番面白い芝居を作りたい」と思う。それしか僕らの道はないのだ、と。それを実現するにはまた長い時間がかかるのだとは思うが、この公演が、その第一歩として成功することを心から願う。

と、理想を語りながらも台本ができておらず、御免なさい。なおかつ短い稽古期間で、またもやいろいろな迷惑をかけてしまうが、めげずに頑張っていい公演にしたいと思っている。頑張ろう!

1997年4月7日

劇団ショーマ公演　『さらばたかしお』

1997年9月26日〜10月5日　作・演出／高橋いさを　新宿シアターサンモール

『さらばたかしお』について

内容紹介

今回の舞台は潜水艦です。というわけで、この芝居を書くにあたって、横須賀にある海上自衛隊の潜水艦を見学させてもらいました。芝居を書くのにホンモノを取材するなどということはほとんどやったことがないのですが、口を聞いてくださる人がいて、特別に見せてもらったのです。長い人生のなかでもこんな経験は二度とできないことだと思い、横須賀の海上自衛隊の基地に乗り込みました。

潜水艦に乗ってみてまず思うのは、とにかく「狭い」ということです。実際、同行した劇団員の尾小平志津香はぶつかりまくっていました。また、魚雷のすぐ横に乗組員の寝床があるのにはびっくりしました。

いろいろな場所を見せてもらった後、息苦しい艦内から外へ出たとき、見渡す海はいつもより爽快に感じられました。

潜水艦と劇場は似ているところがあります。同じように暗くて狭いところだという点がです。僕らが潜水艦のなかを見学させてもらった後、潜水艦の外へ出たときと同じような爽快感を、この芝居を見終わって新宿の街に繰り出すお客さんに感じてもらえれば——と思っています。

最後に、蛇足ながら付け加えておくと、この芝居は、近未来を舞台にしたまったくのフィクションです。

1997年4月1日

劇団ショーマ新人公演『ウォルター・ミティにさよなら』

1997年12月26日〜29日　作・演出／高橋いさを　池袋シアターグリーン

『ウォルター・ミティにさよなら』について〔1〕

『ウォルター〜』の魅力

今回の演目は『ウォルター・ミティにさよなら』である。初演はちょうど十年前の一九八七年である。（わたしは二十五歳だった）場所は新宿のシアタートップス。「ウォルター・ミティ」というのはジェームズ・サーバーというアメリカの小説家の小説『ウォルター・ミティの秘密の生活』（邦題『虹を掴む男』として映画化もされた。主演はダニー・ケイ）に出て来る主人公の名前で、この男は、しがないサラリーマンなのだが空想癖が強く、いつも自分をカッコいいヒーローに仕立てて夢想する癖のある男なのだ。だんだんと現実の重さに苦しさを感じることが多くなり、演劇などというお気楽な夢＝絵空事にうつつを抜かす自分と決別するために思い切ってつけたタイトルだった。あれから十年、まだわたしは夢と決別できずにここで芝居をやっているのだが……。

読み返してみて「何という馬鹿馬鹿しい内容であることか！」とあっけにとられた。しかし、この舞台が面白かったのは、内容ではなくて、演技者の「圧倒的な行動性」にあったと思う。「何もない空間は、実は何でもある空間なのだ！」というのが当時のボクらのキャッチフレーズだったのだが、まさにこのキャッチフレーズを俳優の肉体と演技が実現したときの感動とでも言ったら！　内容ではない。その内容を表現するときのその「表現の仕方」が革新的であったのだ。

そういう意味では、この芝居の最大の魅力は、舞台の上で躍動する俳優陣の肉体の輝きであると言っていい。そして、そんな躍動があったからこそ、登場人物たちの最後の別れが単なる馬鹿馬鹿しさを越えた何かを観客に伝えたのだと思う。

「自分が虚構のなかにいることを自覚している」人物が出て来るこの芝居は、いわゆる「メタ・フィクション」（演劇なり小説なり映画なり、その表現形式の虚構性を意識して作られたもの）である。現在、この形式は大衆化してしまい、前衛の位置から後退した感が強いけど、この芝居のよさは、メタ・フィクションという形式にあるのではなく、躍動する俳優の肉体の輝きにあると思っている。

本公演へ向けて

これも、去年書いたものだが、新たなメンバーも多いので今回も繰り返す。

この公演は小規模なものである。しかし、この公演の大きな目的のひとつに、その成果によって、来年の本公演への参加者を決めるというのがある。そういう意味では、自分以外の人間はライバルと言っていい。しかし、断言するが、足を引っ張り合うような人間関係のなかからは、いいものは何も生まれない。

芝居をいっしょに作るということは、その稽古から本番の期間を通じて、そこに集った人々を深く愛する過程と言い換えることもできる。役者は「他人から愛される仕事」と思いがちだが、わたしに言わせれば逆である。誰よりも、他人を愛する力が問われる仕事なのだ。浅薄なライバル意識を捨てて、相手役を愛するという作業を根本に置き、この芝居に取り組んでもらいたいと思っている。そう言うのは、わたしにとって「最高の観客」は、僕らが現実にどう傷付き、どうもがきどう戦い、どう向き合っているか——すなわち僕らの獲得した「愛の軌跡」を確かめに小屋に足を運ぶお客だと考えるからである。

生活との両立も大変だと思うが、くじけずにいい舞台を作りたいと思っている。頑張ろう！

1997年11月10日

『ウォルター・ミティにさよなら』について〔2〕

人類の夢としての『ウォルター・ミティにさようなら』

この芝居に取り組むにあたっての思いは、前に書いた。これは、稽古が始まって一ヶ月たった現在、わたしが考えていることである。

この芝居の内容的な普遍性というのは、以下のようなことではないかと思う。

ここに三つの対立する民族がある。彼らにとって、他の人々は異文化の人間であり、先入観や偏見がたくさんある。しかし、そのなかのひとつの部族のリーダーの「協力し合えばもっと別な新しい文化が生まれる」という発案をしぶしぶながらも受け入れた人々は、「絡み合って」別の文化を作ろうとする。そして、三つの部族は、自分たちの文化だけでは到底到達できなかった新しい文化を獲得する——。

つまり、この芝居の内容の普遍性とは「協力し合うことの大切さ」を語っている点ではないと思う。「協力し合う」という言葉の重み。人間、協力し合いたくてもなかなか協力し合えないという現状を省みると、このことを、虚構のレベル（つまり芝居）でも、現実のレベル（すなわち劇団のなかでの人間関係）でも到達したとき、我々はお客さんから「心の底からの拍手」をもらえるのではないかと思う。大袈裟に言えば、ここには「恋愛もの」「刑事もの」「サイボーグもの」という三つのジャンルの虚構内人物たちの協力し合う姿を通して「人類の夢」が描かれているとも言えるのではないか。「浅薄なライバル意識は捨てて、相手役を愛せ」と前のノートに書いたが、これはそういうこの芝居とテーマの延長線上で語れることであると思う。

余談めくがアメリカ映画には「バディもの」というジャンルがある。『48時間』『手錠のまゝの脱獄』『ミッドナイト・ラン』などである。これらの物語にどういう共通性があるかと言うと、まったく性格も立場も違う二人の男が、何らかの事情でともに行動しなければならず、対立しながらも同じ目的のために行動していくうちに、利害を超えた友情で結ばれて行くという物語である。この芝居は、「バディもの」ではないが、広い意味においては、その別バージョンなのではないかと思う。わたしがそもそもこの「バディもの」という言葉を知ったのは映画監督の伊丹《いたみ》十三《じゅうぞう》の本（『「大病人」日記』文藝春秋、一九九三年）においてだが、そのなかで伊丹は、「バディものの面白いのは、それぞれがそれぞれの文化を代表していて、その衝突からドラマが起こる点だ」ということを書いていて、「結局僕の究極のテーマは異文化の出会いである」とまとめていた。とても共感するところがある文章だった。

生命賛歌としての『ウォルター・ミティにさようなら』

ところで、気分転換も兼ねて稽古場で十年前に上演した『ウォルター・ミティにさよなら』のビデオを新人たちといっしょに見てわかったことを書く。

ちゃんと見るのは初めてだと思う。荒削りで強引極まりないけど、自由でエネルギッシュでとても面白く見た。新しい演劇作りにみんなが燃えていたんだよなあという当時のことが思い出されて、そんな姿に感動した。

そして、その一九八七年の冬に上演した『アメリカの夜』を見にきてくれた友人のお母さんが芝居を見て泣いてしまったという感想を思い出した。お母さんは当時、病気のお婆さんの看病に追われる生活をしていたはずだ。その感想を聞き、こんな若者の芝居のどこにお母さんは感動したのかなと思ったけど、今ならその感動が理解できるような気がする。お母さんは芝居の「内容」に感動したのではない。躍動する若者たちの「生命力」に感動したのだ。まだ人生に疲れていない若者たち。しかし将来傷付くであろう若者たち。しかし、まだ何も経験していない若者たちのその日、その瞬間のまばゆいばかりの輝き。

そういう意味では、この芝居の大きな魅力は、若い役者たちの「生命力」だと思う。もっと言えば、まだどんな未来も選ぶことのできる「何者でもない若者たちの現在」にあると言っていいと思う。

「何もない空間は何でもあるのだ！」という方法によって演劇の規模を無限大に拡大している点が特徴的なこの芝居の魅力は、今のわたしの目で見ると実は「何者でもない僕らは、実は何にでもなれる」という当時の僕らの未来の可能性を方法化し、賛歌している点にあるのだということに気付く。いや、躍動する若者たちの肉体の生命力が、結果としてその「賛歌」になっていると言うべきか。風邪をひいてはダメだと念を押すゆえんである。

1997年12月15日

新人公演『ウォルター・ミティにさよなら』を終えて

総評

無事、新人公演を終えた。動員は千人くらいか。まあトータルに見れば盛況と言っていい公演だったと思う。芸術的にも、一応成果は上げることができたのではないかと思う(因みに、わたしはいつも興行面と芸術面の二面において公演の成果を判断する。どちらか一方だけ成功してもホントの成功ではないのが演劇の——いや、これはどんな分野でもそうだと思うけど——むずかしいところである)。

実に荒唐無稽な内容ではあるものの、ここには「想像力の冒険」とでも評せる形式上の斬新さがあり、その点が評価できる。もう少し言えば「演劇の扱える表現の規模を、何もない空間を逆説的に利用して限りなく拡大してみせる」という冒険心に満ちている点である。その知的と呼んでいい試みを文字通り血肉化しているのが他ならぬ若い役者たちの身体であるのは言うまでもないのだが。

ところで、あえて事前に公開することを差し控えたのだが、初演の舞台を演劇評論家の扇田昭《せんだあき》彦《ひこ》さんは「なかなかおもしろい」と評してくれた上で、このようにこの舞台について書いていた。

「だが、残念なのは、〝三つのハナシがからみあえばいい〟として生み出され、全登場人物によって演じられる怪人ヘルナイトをやっつけるまでの物語が、あまりにも単純なパターンの組み合わせに終始して、一向にスリリングにならないことだ。フィクションにメタ・レヴェルで戯れる趣向ほどには、肝心のフィクションのアイデアが凝っていないのだ。（中略）『ウォルター・ミティにさよなら』はフィクションの創造に関する〝陳述〟はおもしろく、フィクションの〝創造〟については趣向が不足している」（『現代演劇の航海』リブロポート、一九八八年）

つまりどういうことかと言うと、内容はつまらんが、その内容の陳述の仕方＝描き方は面白いということだ。これは、現在のわたし自身が抱え込んだ大きな課題ではあるのだけれど。

すぐれた「音」の使い手

全ステージ見ていて思ったのは、台詞術の甘さだった。舞台の上で最終的に問われるのはその俳優の人間性だと言い「テクニックよりも素敵な人間になれ！」と言い続けているわたしではあるが、いざ目の前の現実の舞台を眺めると「もっとテクニックを発揮しろーッ」と叫びたくなるのだから矛盾したもんである。

合計十四名のだれ一人として、「この楽器はすぐれているな」と思わせる「音の使い手」がいないという事実を目の当たりにしたのがこの公演だったと言っていい。稽古場で聞いているぶんには意識できなかった「音」の使い方が、客が入り、実際の劇場に入ってより明快にわかるものなのである。

もちろん、劇場の作りなどによって声の通らぬ小屋は確かにある。しかし、シアターグリーンというのは、客席と舞台の距離は、最高に離れても八メートルくらいのもんだ。この小屋でわたしにこんなことを言わせるのはやはり「音」の使い手たちの問題だと思う。

まずでかい声を出せる楽器になること。なおかつ、いろんなトーンで声が出せるようになること。これは舞台俳優のもっとも重要な技能のひとつであると再認識した。これは今後の大きな課題である。と言ってもボイス・トレーナーがここにいるわけではないから、これを克服していくのは各人の努力でしかないのかもしれないけど。

刺激してくれる人間がほしい

ところで、なかなかいいタイミングがなかったので、この機会を借りて書いておこうと思う。

これはわたしの考える一種の集団論である。
わたしとみんなの関係は、今のところ「教える人間と教えられる人間」である。しかし、ぶっちゃけて言えば、オレは「教えられる人間」がほしいわけではない。ハッキリ言えば、その俳優がどれだけわたしを刺激してくれるか——それだけのことである。そして、わたしを刺激してくれる人間だけと付き合いっていきたいと思っている。刺激されてその俳優のために脚本を書き、それを刺激的に演じてくれるからこそわたしはその俳優を尊敬できるのだ。そして、そんな尊敬がさらなる尊敬を呼び、いい脚本を書く。そんな脚本を書いたわたしを役者も尊敬してほしいと思う。これこそわたしの求める理想的な俳優と座付き作者の関係である。こういうお互いを高めあえるような関係を作りたいというのがわたしの劇団で芝居を作るということの意味であると言い換えてもいい。だから胡座《あぐら》をかいていないで、いろんなことを勉強しておいてほしいと望む。他人を刺激するということの大変さをもっと意識していてほしいと思う。他人を刺激するということは、刺激する側に知識的にも技量的にも「絶対量」が必要なのだから。

1998年1月10日

劇団ショーマ新人公演 『ボクサァ』

1998年12月25日〜12月27日 作・演出／高橋いさを 池袋シアターグリーン

『ボクサァ』について

「青春ドラマ」としての『ボクサァ』

二年前から始めた新人公演の第一弾は『バンク・バン・レッスン』、第二弾が『ウォルター・ミティにさよなら』、その第三弾が今回の『ボクサァ』である。「新人公演」という形での上演はこれが最後になると思う。初演は一九八四年。ななななんと十四年前（！）である。劇団の第四回公演としてシアターグリーンで上演した。（わたしは二十三歳だった）一九八五年、八六年、九一と合計四回再演している作品だが、上演当時の評価は高かった。一九八四年、八五年、八六年の三回が「学生」バージョン、一九九一年の再演が「サラリーマン」バージョンである。今回は、「サラリーマン」バージョンを定本としながらも、人物たちは「学生」にして、そこに「学生」

バージョンのイイとこを取り入れながら書き換えるという方法をとった。

これは、わたしの実体験に基づいて書いた作品であるが、今回公演するにあたって、この芝居の魅力（面白さ）は何か——改めて考えてみた。

「シチュエーション・コメディ」という言い方があるが、これは「状況喜劇」と呼べる要素のある作品である。しかし、口当たりのいい状況喜劇になっていないのがこの作品の大きな特徴だと思う。人物たちはやけにヒステリックだし、この結末はどう考えても「不条理演劇」的である。

今、わたしが同じシチュエーションでこういう作品を書くとするともっと落ち着きのいいところへ着地すると思う（例えば『バンク・バン・レッスン』みたいに）。しかし、この作品は「幻想」が飛翔したまま、現実に着地しないで「飛び上がったまま」終わる芝居なのだった。そこがわたしの「若さ」と言えば「若さ」だったのだろう。そう、十四年前の二十三歳のわたしは、「殺人ボクサァ」に怯えながらも、彼の登場を「待っていた」のだった。自分が命を賭けて戦う「敵」を求めていたと言ってもいい。そういう意味では、この作品は、戦うべき敵を喪失した一九八〇年代の若者たちの「青春」を描いた芝居であるとも言えるのだ。人間のもっとも原始的な感情であるはずの「見えないものへの恐怖」という感情をテコにしながらも、この芝居は「何にもなかった」（!）僕らの「青春時代」の不毛の情熱を描いているとも言える。そして、それがこの作品の普遍性だと考えてみる。

この芝居がオモシロ怖い「スラップスティック・ホラー」という内容を超えた何かになるとしったら、それは噴出すべき情熱の捌《は》け口を見失った空虚な時代を生きる若者たちの「青春の演劇」になった瞬間だと思う。少なくともこの芝居を書いた「作家の無意識層《サブ・テキスト》」はそういうものだと思う。言うまでもなく、世に数多くある「傑作」というのは常にそういう無意識層《サブ・テキスト》が観客のこころと共鳴し合う時に生まれる。それは言葉ではなく、言葉の背後にあるものである。はたして、そういう無意識層《サブ・テキスト》を今回新たにこの作品に取り組むわたしと一回り年の違う若者と共有することができるのか。あるいは、もっとちがう共鳴が生まれるのか……。

本公演へ向けて

これも去年書いたものだが、今回も繰り返す。「この公演は小規模なものである。しかし、この公演の大きな目的のひとつに、その成果によって来年の本公演への参加者及び劇団員を決めるというのがある。そういう意味では、自分以外の人間はライバルと言っていい。しかし、断言するが、足を引っ張り合うような人間関係のなかからは、いいものは何も生まれない。芝居をいっしょに作るということは、その稽古から本番の期間を通じて、そこに集った人々を深く愛する過程と言い換えることもできる。浅薄なライバル意識を捨てて、相手役を愛するという作業を根本に置き、この芝居に取り組んでもらいたいと思う。そう言うのは、わたしにとって〝最高の観客〟は、僕らが現実にどう傷付き、どうもがきどう戦い、どう向き合っているか——すなわち僕らの獲得した〝愛の軌跡〟を確かめに小屋に足を運ぶお客だと考えるからである」

生活との両立も大変だと思うが、くじけずにいい舞台を作りたいと思っている。頑張ろう！

1998年11月17日

劇団ショーマ公演

『ある日、ぼくらは夢の中で出会う』

1998年4月24日～5月3日　作・演出／高橋いさを　新宿シアターサンモール

『ある日、ぼくらは夢の中で出会う』の顔合わせに

作品の経緯に関して

新人公演から四ヶ月、本公演から半年ぶりに公演に取り組む。演目は『ある日～』である。この作品は過去何回も再演しているので、そのことに関して少し触れることから始めよう。

この作品が初演されたのは一九八三年。第三回公演として池袋のシアターグリーンで上演した。その後、シアターグリーンの主催する企画公演の一本として翌年再演をし、それが新聞に取り上げられたりして、結構評判になった。その後、いわゆる「ジェットコースター演劇」ができて、後に一九八八年に場所を新宿のシアタートップスに移して再々演した。当時のチラシを見ると「ノースウェット・プロデュース」と銘打ってある。そう、この公演から「ノースウェット」は

始動し出したのであった。

当初、男芝居だったこの作品に初めて女優（渡辺美紀《わたなべみき》）が入ったのはこのときである。今回の四回目の再演は、実に前回から数えても十年ぶりのことになる。

「劇団ショーマ初期の代表作」と呼ばれる作品だが、これは本が出版されていたり、評論家の受けがよかったりしたせいで、その評価に乗じて自称するようになったのだと思う。今回、再演するに当たってトップス版のビデオを見てみたのだが、当年とって三十六歳のオジサンの目で見ると、まあ何とも稚拙で強引なお芝居と見受けられた。受けないようなことも信じてやっている若い自分たちの姿に苦笑いした（このとき僕らは二十六歳である）。

しかし、今の目で見ても「とある誘拐事件をめぐって対立する刑事と犯人を一人二役で演じるという趣向に、それぞれの世界に新参者として加わった男の自分探しを重ねる」というこの芝居の創意と構造は、悪くない。メディア万能（テレビ）時代の青年のアイデンティティ（＝自分が自分であって他の何者でもない証拠）探しのドラマとしてこの劇をとらえれば、今見ても充分に普遍性を持っていると思う。

今回、わたしの劇作家としての作業は、腐っていない構造だけを生かし、腐り方の激しい台詞に全面的に手を加えるという作業であった。

なぜ今『ある日』か

今回わたしがこの劇を選んだのにはそれなりの根拠があって、その根拠は、オトナになってなお「現実の豊饒《ほうじょう》さに戸惑っている現在の自分の姿」をこの劇に出てくる「新参者」にダブらせることができるのではないかと思ったからだ。「現実の豊饒さ」とは何か。世の中には「何でも起こりうる」ということである。それだけ世の中は豊かだし、でたらめだという認識である。それは、わたしの身を置く小さな共同体のなかにおいても、また、世の中という大きな共同体のなかにおいても実感できることだ。今まで誰も疑わなかったことが平気で起こるこの世界のでたらめさ、豊かさ。「何がホントで何が嘘なのかわからない」というこの世界。そんな世界で戸惑う男の姿は、決してわたし一人の問題ではないと思う。そんな広がりのあるであろうテーマをあくまでエンターテインメントにこだわりながら描ければ……。

「事実は小説より奇なり」というのが、かつて上演した台本の巻頭言だった。これは文字通り、「現実はテレビ（夢）とは違うんだ」ということだが、今回はこんな巻頭言を掲げてみよう。「ニンゲンは犬に食われるほど自由だ！」これは、インドの混沌をノンフィクション・ライターの藤《ふじ》原新也《わらしんや》氏が評した言葉である。（『新版東京漂流』一九九〇年）これはインドの道端で人間の死体が野犬に食われている様を見たとき、藤原氏がつぶやいた言葉である。もちろん、ここは管理国家ニッポンであってインドではない。しかし、いろんな価値観が崩壊し、現代ニッポンがますます混沌とし、混迷の色を濃くしているのだとしたら、そんな世界を「犬が平気でヒトを食うインド」と同一に語ることはそんなにおかしなことではないと思っている。「この世はなんでも起こりうるのだ！」――これがわたしのこのわけのわからない「世界」への感嘆に満ちた「賛辞」であり「悲鳴」である。

出番のない劇団員及び新人の諸君は、舞台に立てない分、苦しいと言えば苦しい公演期間なのかもしれないが、低迷する現状から脱出したいと強く望んでいるわたしの気持ちを汲み、スタッフを担当するからこそわかる何かをこの公演期間中に得てほしいと願う。劇団が一丸となるのはなかなか難しいけど「この場を一番！」と考える人たちの情熱の大きさがわたしを変え、そしてあなたを変えることになるのだ。

1998年3月24日

劇団ショーマ公演

『八月のシャハラザード』

1998年8月19日～30日　作・演出／高橋いさを　新宿シアターサンモール

『八月のシャハラザード』の顔合わせに

ファンタジーという方法

前回公演から約三ヶ月。特別公演『八月のシャハラザード』に取り組む。

この芝居は一九九四年の夏に赤坂の小劇場で初演した芝居である。いろいろ思い出のある公演で、「夕凪」役の渡辺美紀のお父さんが、公演直前に危篤状態になり、急遽、演劇集団キャラメルボックスの坂口理恵《さかぐちりえ》さんに客演を頼んだ公演だった。公演中日すぎからは渡辺は舞台に復帰したが、そんな時、お父さんは亡くなり、それを押して舞台に立った渡辺の芝居は今でも忘れられない。まあ、こんなことをここに書くこともないのかもしれないが、少なくとも初演に関わった人々は、この舞台にこんな記憶を持っているということを今回参加する新しいメンバーの人々に知っておいてもらいたかったので、あえて、こんな思い出をここに書いたというわけである。

さて、今回は、客演に宮村優子《みやむらゆうこ》さんを迎える。みんなもよく知っているように声優としてはすでに実績のある人である。アニメの世界のことは疎いわたしではあるが、楽しく舞台作りの共同作業ができればと思っている。

この作品は、それまで「メタ・フィクション」がキャッチ・フレーズだった実験的な色合いの濃かった一連の作品とは一線を画していて、実験性よりもウェルメイド性が強い「ファンタジー」と言っていい種類の内容である。前にも書いたことがあるかもしれないが、「病気になって初めて健康のありがたさがわかる」という意味において、わたしはいいファンタジーは、病気のようなものだと思っている。つまり、いいファンタジーは必ず現実を顧みることを促すのである。

内容的には、例えば『天国から来たチャンピオン』や『ゴースト』というような映画を彷彿とさせるものであるが、まさにこういう作品は、それがひどく空想的な内容であっても、どこかで現実を振り返ることを促してくれる。そういう意味では、この芝居を見た観客が（ちょっと照れくさいけど）「生きていることのありがたさ」のようなものを再認識してくれるような舞台になったらいいなあと思っている。そこが「ファンタジー」という方法の社会的な意義であると思う。

どういう芝居にしたいか

とは言え、別に「社会的に意義があるから」わたしは芝居をやっているわけではない。結果として「社会的に意義」があってもいいと思うけど、わたしがこの芝居に求めるのはそういうものではない。

では、何を求めるか。それは一言で言うなら「精神浄化《カタルシス》」である。わたしは、この芝居を通して「精神浄化《カタルシス》」を得たいと思う。何か演劇論みたいになってしまうけど、わたしが「芝居」に求めるのは、やっぱりこういうことなのだと思う。別の言葉で言えば、日常生活では決して味わえない「笑い」や「涙」や「感動」をこの芝居を見ることで得たいというのが最大の望みである。「社会的な意義」などというものは、どうでもいい。わたしは、この芝居を見た観客が、シアターサンモールの階段を上がり、八月のむっとするような夜の空気に触れた時、そしてそれぞれの帰路を急ぐ時、観客の感じる夏の空気が、ほんのちょっといつもと違って感じるような芝居になればいいと思っている。この芝居を見なかったら感じることのできない風のさわやかさとか、樹々の緑色とか、街行く人々の笑顔とか。多くは望まない。ほんの、ほんの少しだけこの凶暴な「世界」が観客にとって「親和的」になればいいと思う。言ってみれば「心を涼しくさせてくれる」という意味においての「納涼芝居」にしたいと思う。まあ「演劇は革命だ！」てなことを言っていた二十代のわたしからは想像もできない変節ぶりだが、これが「成熟」なのか「堕落」なのかは、時間が経たないとわからない。

ともあれ、稽古から本番の期間の間、他のどんな時間よりも楽しく濃い時間をこの場で過ごせればいいなあと思っている。がんばろう！

1998年7月10日

『八月のシャハラザード』について〔1〕

浮輪と拳銃

まずは、前にもちょっと説明したことだけど、図式的にこの物語をとらえてみることから始めよう。この作品世界を図にするとこういうことではないかと思う。

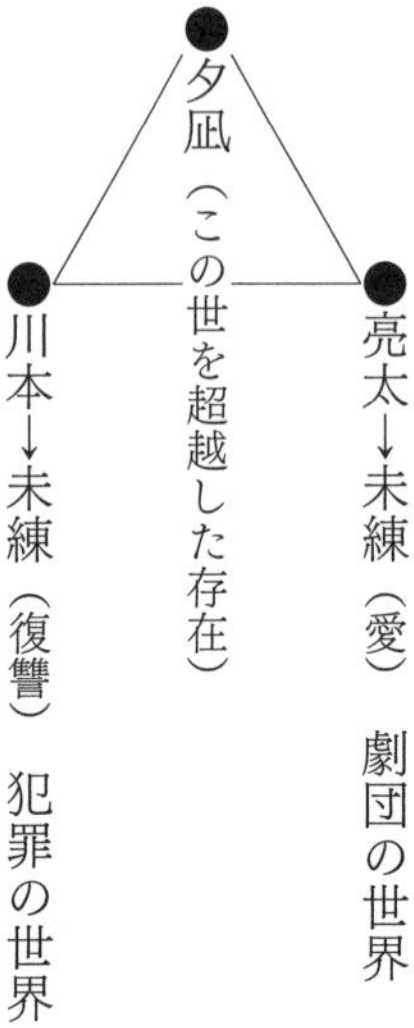

その延長で「記号論的」にこの作品をとらえてみる。言うなれば「評論家」が作品を評価する時の視点で、この作品をとらえてみるということだ。例えば、ウディ・アレンに『ブロードウェイと銃弾』（一九九四年）という喜劇映画があるが、これなどはタイトル自体が作品の内容（劇作家とギャングの友情物語）をよく表していると思う。その意味で言えば、この物語は「浮輪と拳銃」というタイトルをつけてもいい話だと思う。そして、この芝居はまさに「浮輪と拳銃」という物語であっていいと思う。すなわち、これは亮太と川本の友情物語である。これがこの作品の主軸と考えていいと思う。この構造をとりあえず理解してもらった上で、それぞれ役がどうあるべきかを考えてほしい。

「バディもの」として

とこんなことを書いてすぐに思い出すのは、「バディもの」である。出版された『八月のシャハラザード』（論創社、一九九六年）のあとがきにも書いたのだが、この言葉をわたしは伊丹十三の書いた本のなかで知った。アメリカ映画には「バディもの」と呼ばれるジャンルがあり、『手錠のまゝの脱獄』『48時間』『ミッドナイト・ラン』『大災難』『ヒドゥン』『リーサル・ウェポン』と枚挙にいとまがない。これらの映画に共通しているのは、「立場も生まれ育った環境もまったく違う二人の男が、何らかの事情で行動をともにしなければならなくなり、対立しながらも最後には友情を獲得していく」という物語を指して言うらしい。この作品もまさにそういう作品になっていて、この定石に従って言えば、亮太と川本は限りなく対照的な人物として演じられるべき役だと思う。それから派生して言えば、それぞれの所属していた「世界」の人物たちもこれに準じた役作りをしていいと思う。すなわち、劇団グループは基本的には「善意」や「愛」といった人間の美徳を体現し、犯罪者グループは、「暴力」や「憎しみ」といった人間の悪徳（と言うか人間のこころのダークサイド）を体現すべき存在であると思う。それらを善も悪もなく鳥瞰しているのが「夕凪」という役であっていいと思うのだが、冷静に鳥瞰している役というよりは、劇団グループに明快に「肩入れ」する人間の名残を残している案内人であっていいとは思うけれど。

★

以上に書いたのはまあ「図式」である。ある意味でとても「わかりやすい」話だと思うけれど、この「わかりやすさ」はこの作品のいいところであるとわたしは思う。「エンターテインメント」の鉄則のひとつはこの単純明快さであるはずだから。もちろん、稽古の過程で、どんな役への肉付けが行なわれるかはわからないけど、今の段階では「劇団の人々の冷たさ」とか「犯罪者の暖かさ」のような領域に踏み込むことは危険なことだとわたしが思っていることは書いておこうと思う。

「精神浄化《カタルシス》を得たい！」と顔合わせの時のノートに書いたけど、それをもう少し具体的に言えば、女の子には亮太とひとみとの別れの場面で、そして、すべての観客には亮太と川本があの世へ行くことを決意する終幕で泣いてほしいというのがわたしの希望である。

それと、視聴覚的な趣向は、前回の公演同様「船」というモチーフによる舞台造型なのだが、これはまだ確定したものではないので、もう少し待っていてほしい。

1998年7月13日

『八月のシャハラザード』について〔2〕

「夕凪」について

夕凪《ゆうなぎ》は「あの世への案内人」である。そういう意味では、多分に非現実的と言うか幻想的と言うか、本来、実在しないであろう人物である。

彼女の仕事は、物理的な側面で言えば、死んだ人間をあの世へ運ぶ「シャハラザード号」と呼ばれる巨大な客船までの海を小さな船で運ぶことだし、メンタルな側面で言えば、この世に未練を残した人間に「キチンと死を受け入れさせる」ことである。

そういう非現実的な人物設定ではあるけど、この劇における夕凪は、かつては「この世」に実在していた人物で、職業は動物園の飼育係。当時二十三歳（?）の彼女には、深く愛した動物たちがいたにもかかわらず、交通事故で死んだ——という過去がある。* これは、後半、自らの口から亮太に他人の話しにかこつけて語られる。このことは「嘘だった」とラストシーンでひっくりかえされるが、基本的にかつて彼女の身の上に起こった事実であると考えてもらっていいと思う。

こういう過去がある人間だからこそ、彼女は不慮の事故で夭逝《ようせい》した亮太の気持ちを掬《すく》いあげ、川本と亮太を魔法のスカーフで結び、亮太の思いを遂げることに協力すると考えていいと思う。彼女の目的は、「亮太がひとみにサヨナラを告げるのを遂げさせること」である。そんな彼女の行動の原動力になるのは、まあ言葉にするなら「優しい心」とでもなるか。そういう意味では、とても人間らしい心を持った女だ。まあ、基本的にこんなことを前提にしていてもらうとやりやすいのではないかとわたしは考えている。

＊　初演時は夕凪には「結婚を約束した保父さんがいた」という風になっている。

諸々の疑問点

次に、前回公演の時、「夕凪」に関して我々が悩んだ点、及びその悩みを解決する上での「考え方」(解釈)を具体的にいくつか付記する。

①——「運命」という言葉について

夕凪は劇中、何度も「運命は変えられない」という台詞を吐くが、ここで言う「運命」とは、広い意味で「人間の寿命」と考えていいと思う。「運命」という言葉は、かなり抽象度が高い言葉で、「人間の寿命」というような意味だけではなく、考えようによっては、「今日、稽古に風邪で来れなくなったというのも一つの運命である」というような言い方もできるのだが、あくまでこの劇においては、そういう小さな選択を運命と呼ぶものではないということである。

②――亮太を犯罪者川本と繋げる理由

早い話し、「半死半生の人間がさしあたって川本しかいなかった」ということでいいと思う。ただ、川本のような危険な人間と亮太を結び付けるという行為には、当然リスクがあることは予期していていい。ただ、夕凪の計算には、前記の「運命は変えられない」＝「人間の寿命は変えられない」という絶対の法則があって、いくら川本が復讐という非生産的な行動に走ろうと、決して裏切り者（＝梶谷とマキ）を殺害することはできないという自信はあっていい。ゆえに「無駄なことはやめた方がいいわ」という台詞は、ハッタリでもなんでもなく、この劇世界における厳然たる事実と考えてほしい。

③――夕凪は全知全能の神ではない

しかし、夕凪はすべてお見通しの全知全能の神のような力を持った人物ではない。ある部分で「人間を越えた存在」であることは間違いないが、川本と亮太の行動をすべて予知することができるとか、そういう能力はない。あくまで、瞬時、瞬時に自分の知力のすべてを使って行動しているに過ぎないということだ。知力とは、すなわち、二人の行動を「予知」するのではなく「予想」し、だれに何を言い、だれに何をさせれば、自分の望んだ目的（すなわち「亮太が川本の肉体を通してひとみに別れを告げる」）を遂げることができるのか——そういうことを自分なりに判断し、選択しているということである。

最後に劇団主宰者、木島に拳銃を渡すのは、彼女の得たあらゆる情報を元に、川本に復讐を止めさせて、亮太に協力させるための咄嗟の（しかし、正しい）判断ゆえの行動であったと理解していいと思う。

④——天宮亮太という男への興味

おそらく、この劇の中心にデーンといるのは天宮亮太という劇団の役者（山本満太）だろう。もちろん、亮太とともに行動することになる川本という現金輸送車襲撃犯人（川原和久）も重要な人物にはちがいないが、どちらかと言えば、天宮亮太というこの男の底抜けの善良さと明るさ、馬鹿だけれど憎めない魅力が、夕凪を動かすひとつの大きな理由だと考える（信頼していた相棒の裏切りに遭い、人間への信頼を失いかけていた川本も、亮太の魅力に触れることによって、他人への信頼感を回復させていく——という側面をこの劇は持っている）。

★

この劇の構造をわたしなりに分析すると（前のノートにも書いたけど）この芝居は「愛と善意」を象徴する亮太を囲む劇団の人々の世界と、「暴力と金」を象徴する犯罪者たちの世界が、対立しながら物語を展開させていく劇である――ということである。そして、その二つの世界を鳥瞰している位置にいるのが「夕凪」なのだと思う。そういう意味では、ある超越した「視線」を持っている役だと思う。

1998年8月6日

劇団ショーマ公演　『MIST～ミスト』

1999年4月13日～25日　作・演出／高橋いさを　中野ザ・ポケット

『MIST～ミスト』のためのノート

『MIST』について

昨年十二月の新人公演以来、本公演としては八月以来の第二十九回公演に取り組む。しかし、あっという間に一九九九年である。劇団としても十七周年か。公演の回数も次回で三十回である。わたしも今年、三十八歳である。ちょっと前までは、ちょっと卑下して自分のことを「オジサン」と呼んでみたりもしたが、もう卑下も何もなく正真正銘、混じりっ気なし果汁百パーセントのオジサンになりつつあるということだ。

年頭にも言ったが、今年は若手を中心に据えた芝居作りをしようという課題を持っている。一九九七年に同じ目的をもってトライしてうまくいかなかった経験があるけれど、いろんな意味でこういう試みをしていい時期だと思う。期は熟したということである。

今回の創作は、今までになく若手の俳優たちと週に一回ずつ討議を重ね物語を作るという方法を採《と》った。キーワードは「一生懸命な馬鹿」だった。結局、台本は最後まで完成していないけど、紆余曲折を経て次のような物語になった。

宝石店に忍び込み、高価な宝石を盗み出したものの、実は利用されたということを知り、逃亡した二人の宝石泥棒、辰夫と勇次。宝石を持ったまま、二人が辿り着いたのは、巡業中の子供向けアクション・ショー一座。自分たちの身分を隠すために二人はこの一座を隠れ蓑にすることに。一方、そんな彼らを追う主犯の国分は、勇次の恋人に接近するが、ひょんなことから女の危機を救うことに。おおまぬけな勘違いととめどもない誤解の嵐のなかで、それぞれの「偽り人」たちが繰り広げる大笑いの追跡と逃亡の顛末は……。二人のドジな泥棒の逃亡劇を縦軸に、彼らと一座の人々との奇妙な交流を横軸に、ショーマお得意の無対象演技とアクション満載で描く疾走するジェットコースター演劇!

わたしは「作家性」というものをどうでもいいと考える人間ではないし、若手劇団員との話し合いのなかでできた物語であったとしても、ここには高橋いさをの「作家性」のようなものは出ているはずだ。それは例えば「虚構と現実」というテーマであるし、「犯罪と芸術」というテーマであるし、「二人組《バディ》ものと異文化接触」というテーマであるし、「アクションと男の友情」というテーマであるし、「逃亡と追跡」というテーマであるし、「瓜二つの人間の取り違え」というテーマであるし——そういう意味では高橋の好きなものだけで織り成されている作品であると言える。テーマ的にも手法的にも新しいスタイルはここにはないのかもしれないけど「これをやらせりゃ日本一！」という疾走感溢れる舞台にしたいと思っている。今後の課題は、こういう同一のテーマを使いながらいかに多彩にテーマを変奏していくかという点であると思っているけれど。

「劇団」としてのテーマ

作品の内容を度外視して言えば、今回の芝居のテーマは（と言うより今年のテーマはと言っていいのだけれど）若手を中心に据え、なおかつ古参の役者陣の実力もきちんと発揮できるような舞台を作るということである。いかにして若手と古株を素敵に組み合わせて芝居を作るか？　これが「劇団」としての最大のテーマだと言っていい。少なくとも「座付き作家」も兼ねるこの劇団の主宰者のわたしのテーマは、現在これしかないと言っていい。書きたいものはたくさんあるのに、メンバーの制約からそれがここで実現できないという悩みは、正直言えばなくはない。けれど、わたしがこの場で芝居を打たねばならぬという思い込みは揺るがない。それは、我々「集団のドキュメント」を書かねば真に他人のこころを打つ芝居はできないはずだという考えに基づく。

ところで、この前、女優の竹内晶子《たけうちあきこ》さんに新人稽古を見てもらった時、彼女はこんなことを言った。「×月×日、その劇場でAという俳優がBという俳優をどんな風に味わっているかをお客さんは見にきている」と。なるほどと思った。わたしなりに補足すれば、お客さんは例えば「階下に住む謎の男をめぐって妄想を膨らませていく若者たちのてんやわんや」を見に来ているのではなく、その日、その瞬間、そこにいる俳優たちが、『ボクサア』という物語《フィクション》を通して、相手役をどういう風に「味わっているか」を見にきているということだ。そういう文脈で言えば、この『MIST』という物語《フィクション》を通して、最高に素敵なドキュメントを作るのが劇団としての大きな課題であると思う。

生活との両立も大変だと思うが（ああ、オレは何度この言葉をここに書き連ねたことか！）エネルギッシュな舞台を作りたいと思っている。頑張ろう！

1999年3月8日

劇団ショーマ公演　『アメリカの夜'99』

1999年10月28日～11月7日　作・演出／高橋いさを　新宿シアターサンモール

『アメリカの夜'99』の顔合わせに

作品に関して

半年ぶりに第三十回公演に取り組む。演目は一九八七年に初演し、一九九四年に再演した『アメリカの夜』である。手法としては、空間と時間がめまぐるしく変わっていく「ジェットコースター演劇」で、これはその手法の成熟期の作品だと思う。

今回初めてこの劇に参加する人も多いので、作品について言及する。『アメリカの夜』という題名は、フランソワ・トリュフォー監督の同名映画（一九七三年）から採った。これは映画の撮影技法の俗称で、「夜の場面を撮影する際に、実際の夜を撮影するより、昼間、特殊なフィルターをカメラに付けることによって撮影したものの方がホンモノの夜より夜らしく撮れ、その技法はアメリカで開発されたからヨーロッパでは〝アメリカの夜〟と呼ぶ」ということらしい。言うなれば、ホンモノの夜より夜らしいニセモノの夜。『ある日、ぼくらは夢の中で出会う』や『けれどスクリーンいっぱいの星』を例にするまでもなく、わたしが二十代に書いた芝居はみんな「映画」（ドラマ）を題材に描かれた芝居である。今はそうでないかと言うとそんなこともないのだが、扱い方が、まあ昔ほど「あからさま」ではなくなったということだと思う（こういう言い方が許されるなら、きだ君は、今、あからさまに自分の好きなものへのオマージュを語っているのだとわたしには思える）。どちらにせよ「高橋いさを」という書き手の本質的な何かがこの作品には出ていると思う。「他人の人生《ドラマ》を通してしか自分の人生《ドラマ》を語れなかった男の物語」なんて言うと穿《うが》ち過ぎだとは思うけど、まあ、こういう劇しか「持てなかった」精神状況が、かつてのわたしにはあったし、大きく出れば一九八〇年代のわたしたちの青春だったのだと思う。

躍動する演劇を作りたい

そんな芝居をこの世紀末にどのような衣装を着せて演じるのか。いや、そういう言い方は背伸びしてるみたいだから止す。今のわたしは、この劇をどう表現したいのか。ところで、最近わたしの見る若者芝居の多くはみんな貧血芝居である。どれもこれも「血のざわめき」がない。「汗の迸《ほとばし》り」がない。「絶叫」がない。貧血みたいな人間が出てきて、ちまちまと部屋のなかで会話して、最後にピアノの静かな曲がかかって、それで「癒し」だなんて言っている。そういう芝居のよさもわからないではないが、あえて今回はそういう芝居に「ふざけるんじゃない！」と言いたい。演劇は熱くなければいけない。演劇は早くなければいけない。演劇は高く飛ぶ力がなければいけない。演劇は何よりも躍動していなければいけない。

もし、わたしにとって「癒しの演劇」があるとしたら、それは舞台の上で己の身体を使って弾け飛ぶ役者の生命力の躍動する演劇に他ならない。そういう意味ではチマチマとした貧血演劇ではなく、血沸き肉踊る「躍動する演劇」を作りたい。

わたしは川原和久や山本満太や木村ふみひでや尾小平志津香といっしょに芝居を作ってきた。若かった僕らももうそんなに若くない。しかし、若い劇団員とともに作る新しい『アメリカの夜』は、やっぱり躍動感に満ちた疾走する演劇でありたいのだ。その不自然かもしれない身体の酷使の仕方がそのままテーマに重なれば、きっといいものになると思っている。守るべきものとは、「映画」であろうと「人間」であろうと「関係」であろうと何でもいい。「自分が価値があると思い込んだものはからだを張って守る」という単純な行動原理。とにかく「夢」を守ることのすばらしさと「夢」を持ち続けることの困難が同時に描ければ、この芝居は充分に時代を超えた普遍性を持ち得ると考える。

オスカーが最後に戦う相手が、単なる「グリズリーの異名を持つ黒人チャンピオン」というイメージを越えて、例えば我々の前に立ち塞がる巨大な「現実」というイメージに広がれば、この劇は決して単なる「映画オタクの酔狂なゲーム芝居」にはならないはずだとわたしは信じる。

内容的には確かに「劇画調」である。オトナになったわたしの目から見ると、荒唐無稽な「漫画」と見えなくもない。しかし、荒唐無稽な漫画は漫画でも、滅法カッコイイ漫画にしたいというのがわたしの望みである。

今回、客演できだつよしさんを呼んだ。「きだ君は、今、あからさまに自分の好きなものへのオマージュを語っているのだとわたしには思える」と前に書いたが、そういうきだ氏が夢を守ろうとする男＝服部良雄を演じるのには大きな意味があると思う。「キャスティングとはそれらしい俳優にそれらしい役を与えることではない。真のキャスティングとは、その俳優の人生をキャスティングすることである」という故・伊丹十三監督の言葉に倣えば、彼の「人生」がこの人物と劇にさらなる深みを与えてくれるとわたしは期待する。そして、わたしの「人生」を夢を壊そうとする男＝小野寺にも託せるなら、こんなにスリリングな劇はないぞと思う。そういう意味では、この劇は、あらゆる傑作が常にそういう環境で生まれるように、現実のレベルで極めて面白い「サブ・テキスト」を内含できる可能性を持っている企画であると思う。その可能性を稽古場で広げていけたらいいなあと思っている。

1999年9月20日

劇団ショーマ公演　『リプレイ』

2000年3月25日～4月2日　作・演出／高橋いさを　全労済ホール／スペース・ゼロ

『リプレイ』のためのノート

ピアノと拳銃

ようやく台本は完成した。この芝居に関して現在、考えていることを書く。

テキストのレベルで語られているのは「未来の死刑囚の魂が現在の物真似芸人の肉体に転生して起こる悲喜劇」とまとめられると思う。その悲喜劇を通して語られているのは、「愛」「信頼」の重要さであり、その賛歌であるという意味では、キリスト教の関係者からもそんなに文句の出ないまっとうな内容を持っている芝居だと思う。

これは純然たる「ファンタジー」である。ショーマの作品の系譜のなかでとらえると、『八月のシャハラザード』の持つ世界に連なるものになると思う。実際、『八月～』に散りばめられた

「記号」と類似する点は多い。「芸人と犯罪者」「死者と生者」「愛と暴力」「心と金」「聖者と悪党」……。『八月～』がもし「浮輪と拳銃」に象徴される芝居だとするなら、この芝居は「ピアノと拳銃」という芝居と言うこともできる。

キングの『死の舞踏』

いつも言うことだが、わたしにとってよい「ファンタジー」の社会的機能というのは、ありえない物語を通して現実を省みる契機を与えてくれるような種類のものである。

去年、読んだスティーヴン・キングの『死の舞踏』（福武文庫、一九九五年）という本は、「キング・オブ・ホラー」と呼ばれるキングのホラー小説・映画論集であるが、ホラーに関して縦横に語るキングの文章には大きな刺激を受けた。この論集で語られていることは、「ホラー」というジャンルを越え、わたしの考えるあり得べき「演劇」にも充分通じる内容を持っている。

○「すべてのファンタジー小説は本質的に〝力〟についての物語である。偉大なファンタジーは例外なく、とてつもなく大きな犠牲を払って力を手に入れた人か、悲劇的な成り行きで力を失った人について語っている」

○「ホラーの目的は、タブーの世界に足を踏み入れた人間が恐ろしい目にあうところを見せて、われわれに普通の状態のありがたみを再認識させることにある」

○「ホラーとはアポロン（理性）的存在のなかでディオニソス（悪魔）的な狂気が芽生えるさまを克明に描いたものであり、それがもたらす恐怖はディオニソス的な狂気が駆逐されてアポロン的な常態が回復されるまで続く。その典型がウィリアム・フリードキンの『エクソシスト』だ」

○「ホラー映画における究極の真実──それは、ホラー映画が死を愛していないということだ。本当に愛しているのは生以外のなにものでもない」

○「いってみれば、ホラー映画は精神の血抜きをする床屋のようなものだ」

どの文章もこの芝居に通じるものを持っていると思うし、キングのホラー論の文脈に従って言えば、この「ホラー」ならぬ「ファンタジー」も「精神の血抜きをする床屋」（＝精神浄化《カタルシス》）のような芝居でありたいと思う。

『リプレイ』のテキストとサブ・テキスト

『リプレイ』とは「再生」である。汚れ傷付き人生を終えようとするものが、再び生きる生気を取り戻すということである。テキストのレベルで言うなら「自分の間違った人生を何とか修復したいと奮闘する一平＝加賀」がそのシンボルであろう。

テキストのレベルで語られているのは、「未来の死刑囚の魂が現在の物真似芸人の肉体に転生して起こる悲喜劇」とまとめられると思う──と先に書いたが、これをサブ・テキストのレベルすなわち、作家の無意識のレベルで語るならこういうことだと思う。これは「言わぬが花」というところもないではないが、まあ、あえて言おう。この荒唐無稽な物語に込められているのは、例えば、わたしと川原と山本の関係のことである。いっさい描かれない「加賀と丸山の十八年」という年月は、「劇団ショーマの十八年」に置き換えることができる。作劇の技術によってスマートに隠されているが、このテキストの究極のサブ・テキストは、そういう意味を持つと演出のわたしは考える。配役を変えたのは、このサブ・テキストを表現するのは、若い俳優では無理だと思ったからに他ならない。

その意味で言えば『リプレイ』は、「劇団ショーマの十八年」を総括しうる内容を持っていると思う。少なくともわたしは「それ」を卑下するのでも皮肉るのでもなく、声を大きく「称え」たい。

これが年を取ったわたしの「涙もろいじじいの説教」に聞こえるか、そうでない何かを伝える力を持つのか。それはこの芝居を更生する各場面の面白さ（笑いやかっこよさ）にかかっているのだと思う。

翻って「〝美しい男の友情物語〟ほど商売になるものはない」と商売人のわたしは計算する。オンナが金を払ってまで見たいのは、実は甘い恋愛物語などではなく、こういう物語なのかもしれないのだから。

２０００年３月10日

バンタン芸術学院卒業公演　『アロハ色のヒーロー』

2001年12月18日〜19日　作／小田玲奈・高橋いさを　演出／高橋いさを　築地本願寺ブディストホール

『アロハ色のヒーロー』のためのノート

この作品を書いてもらった理由

今日から十二月十八日、十九日の両日に渡り、築地本願寺内にあるブディストホールで行われる卒業公演の稽古を開始する。演目は小田玲奈さんの脚本による『アロハ色のヒーロー』である。今日は初日なので、わたしが考えていることを書く。

当初は『バンク・バン・レッスン』を上演しようと思っていたのだが、みんなが新しいものをやりたそうなので、新作を書いてもらうことにしたのだ。別の先生が四月の発表会で当て書きによる新作を上演していて「なるほど」と思い、こういうのもアリだなと思ったのである。小田さんは日本大学芸術学部演劇学科の三回生で、わたしの教え子である。彼女の習作を読ませてもらって面白いと思ったのと出演者に若い女の子が多いという条件を考えて、若い女の子の気持ちがきちんと書ける作家が望ましいと思ったというのが彼女に執筆を依頼した大きな理由である。

稽古は十月、十一月中は毎週金曜日のこの時間（九時～十三時半）、十二月に入ってからは第一週は通常通り、七日以降が連日の稽古になる。連日稽古の時間は十三時～二十時で、Aチームが十三時から十六時、Bチームが十七時から二十時という時間割りになると思う。ただアクション参加組は別の時間帯でアクション場面だけの稽古をしてもらおうと思っている。どちらにせよ、少ない時間だ。自主稽古を含め、台本をもらったら次週に立ち稽古ができる状態にしておいてほしい。

作品について

『アロハ色のヒーロー』とは随分、肩の力の抜けたタイトルである。何せ「アロハ」である。「アヘアヘ」とか「ヘロヘロ」とか「アハアハ」とかそういう擬態語を連想させる。どう考えても毅然とした感じの言葉ではない。しかし、そのへんの感覚が小田さんの持ち味なのだと思う。そういう意味では、この劇は「アヘアヘ」「ヘロヘロ」「アハアハ」している連中が、「ビシッ」「しゃきっ」「ピーン」とした「ヒーロー」になる劇である。これがこの劇の臍《へそ》（本質）である。

台本はまだ全部完成していないが、全体の構成は別紙の通りである。残りは毎週、随時渡していくという形式になると思う。これは小田さんの方から詫びがあるはずだ。本来、稽古初日に台本はすべてあるものである。これが普通と思ってもらっては困る。しかし、こういう場合の利点は、稽古場で座付き作家がみんなの演技を直接見ることによって、当て書きがより綿密に行われる可能性がある点だと思う。

さて、この作品を言葉にすると次のようなものであると考えている。

舞台はとある島に向かうフェリーの船上。ここで行なわれているアクション・ショー『海賊レンジャー』が三日目にさしかかったその日、ショーの出演者の一人であるブルー役の俳優がやって来ないという事態に人々は見舞われる。このショーを企画したイベント会社の社員・八丈南とショーの出演者たちはほとほと困るが、ショーを中止するわけにもいかず、ブルー役を抜いた形でショーを行なうことに。

そんな人々の元に一人の少年がやって来る。聞けば、テレビ版の『海賊レンジャー』でブルー役を演じている俳優の息子だとのこと。南の兄でこの船の操縦をする八丈勝の協力を得て、人々はこの少年のために何とかブルーも登場するショーをやろうとする。「少年の夢を壊さないために」だ。しかし、人々の思いとは裏腹に海が荒れ出す。どうやら台風が近いらしい。果たして人々は無事にアクション・ショーをハッピーエンドで完結させ、少年の夢を守ることができるのか……。

何を描くのか

この劇のテーマは、世にある九割のドラマのテーマがそうであるように「再生」である。父親をヒーローとみなす少年の出現により、船員の八丈と妹の南は、その姿に自分たちの死んだ父親の姿を重ねる。そして、父親を愛する余りに母の再婚相手に会うことを躊躇していた南が、兄の気持ちを理解し、わだかまりを捨て、母の再婚相手に会うことを決意する再生のドラマである。

そんなメイン・テーマに加わるのが「ダメなアクション・チームの再生」の物語だ。やる気をなくしていたアクション・ショーの出演者たちが、そんな二人の頑張りと、嫌味な上司への反発心から再びショーに前向きに取り組み、前よりも素敵な人間として再生する物語である。

そんな真面目な「再生」のテーマを持ちながらも「ヒーロー・ショーにおけるアクション」を取り入れて元気のいい芝居にしたいというのがわたしの望みである。少年の夢とそれを何とか壊さないようにする人々の姿に、君たちが選ぼうとしている仕事（俳優になること）の厳しさと尊さが重なれば最高だと思っている。「どの役にもドラマを持たせてくれ！」と作者には頼んであるから、どんな小さな役でも頑張ってほしい。

聞けば、プロダクションの人たちも観劇に来るとのこと。この芝居での頑張りが、あなたの将来を切り開く可能性を持っているのだ。元気があってハートのこもった芝居を作りたいと思っている。

2001年10月19日

バンタン芸術学院卒業公演 『へなちょこヴィーナス』

2002年12月20日〜21日 作／高橋いさを・小田玲奈 演出／高橋いさを 六本木アトリエフォンテーヌ

『へなちょこヴィーナス』について

前口上

今日から本格的に稽古に入るにあたって、この芝居の演出者として考えていることを書く。わたしの担当したこの学校での公演の文脈をまず語ると、初めて取り組んだのは高橋作の旧作『バンク・バン・レッスン』（一九九九年／タイニイアリス）だった。これはなかなかいい出来だったと思っている。翌年、「アクションのあるものを」という教務部の要請によって選んだ演目は、また高橋作の旧作『ウォルター・ミティにさよなら』（二〇〇〇年／北沢タウンホール）だ。これもみんな頑張ってくれたとは言え、余りにもアクションが激し過ぎて学生がヘロヘロになってしまい、舞台成果はいまいちだった。そして、翌年、さらに新しいことを求めてオリジナルに挑戦した。

わたしがたまたま日大の演劇科の劇作の講師を始めたことも手伝い、その学生である小田玲奈さんに「学生のために」当て書きしてもらって作ったのが『アロハ色のヒーロー』（二〇〇一年／築地本願寺ブディストホール）である。これもなかなかいい出来だったと思う。オリジナルなので、どんなに稚拙でもこの公演を「世界でただひとつの唯一無二の貴いものだ」と思ったからだ。で、今年は昨年の成果を踏まえてまたオリジナルの『へなちょこヴィーナス』。昨年がアクションを取り入れた「アクション・ショーもの」だったので、今年は踊りの要素のあるものをやりたいというのが出発点だった。世の中にはいろんな踊りがあるが、わたしと共作者が選んだのは「チアリーディング」だった。これは「女の子が多い」という現実問題をクリアするための選択である。だから今回の課題は授業でも行なっているダンスをいかにかっこよく取り入れるかが最大のポイントである。

内容に関して

この劇は「応援する人たち」を中心に据えたコメディである。劇を通して描くのは、応援は何も「チアリーダー」と「選手」の間や「ファン」と「スター」の間にあるだけのものではなく、世界はいろんな「応援」によって成り立っているのだということが確認できる舞台になればいいと思う。「あなたのすぐ近くに応援はある」——そんな当たり前のことを思い出すことができる舞台になればいいと思っている。「なかなか見えないもんだ、応援している自分の後ろにも応援している人がいるってことは」という台詞があるが、そういうことである。

ところでわたしの理想の「高校演劇」とは次のような条件を満たしているものだ。
①高校生、またはそれに準ずる若者が主人公である点。
②その若者の教師、あるいは両親が何らかの形で関わっている点（不在でもよい）。
③その若者の生の声が反映されている点。
④それらの条件を満たしながら面白いこと。
わたしがこういう風に思ったのは、実際にいくつも高校演劇に触れて、こういう劇が一番この場には相応しい演目なのではないかと思ったからである。誤解を恐れずあからさまに言えば、こういう条件を満たしていると一番ウケると思ったのである。わたしがここで劇を作る立場にいたなら、躊躇なくこの方法を採る。客席にいるのは基本的にここに出てくる三者である。この人たちを楽しませることにわたしなら全力をかけると思う。

この公演は「高校演劇」ではないけれど、若い人が演じるという点では条件は似ている。『へなちょこヴィーナス』も基本的にこの条件を踏まえている劇になっていると思う。まあ、劇場にやって来るのは基本的に上記の三者であるから、その人たちを満足させる要素はある。物語はこういうものだ。

とある高校で一人の選手のためのチアリーディング部を作ることを林先生は依頼され実行する。しかし集まったのはどいつもこいつもてんで踊りの下手な女ばかり。林とリーダーのみどりは頭を抱えるが、空手部の男を助っ人に入れて彼女たちは生き返る。果たして応援する陸上選手を勝利に導くことができるのか？

こんな縦軸の物語の横軸にみどりと母親の対立と和解、みどりと陸上選手のロマンスなどが織り込まれている。

みんなで見た『がんばれ！ベアーズ』（マイケル・リッチー監督、一九七六年）を参考にした話なので、さしたるオリジナリティがある物語ではない。けれど、問題はその物語を演じる人々のハートが芝居にこもっているか否かだ。それぞれのチームとも一日だけの公演だが、いい芝居を作りたいと思っている。からだに気をつけて頑張ろう！

2002年10月18日

劇団ショーマ公演　『逃亡者たちの家』

2003年3月27日～4月1日　作・演出／高橋いさを　池袋シアターグリーン

『逃亡者たちの家』の顔合わせに

三年ぶりの公演

劇団としては久しぶりの公演である。なかなかわたしが新作を書かないからこういうことになってしまったわけであるが、とにかく活動は再開されたわけだ。

演目は『逃亡者たちの家』。制作部の判断でパブリシティ的には表に出していないが、この芝居の元になっているのは一九九三年、ちょうど今から十年前に新宿のスペース・ゼロで上演した同名の芝居である。NHKの衛星放送で一度オンエアもされている。それを大幅に改訂して出来たのが今回の作品である。

タイトルの所以《ゆえん》だが、この芝居にはたくさんの「逃亡者」が出てくるからだと考えてもらってよい。殺し屋は警察から、自殺男は現実から、駆け落ちカップルは世間から――みんな逃げようとしている人たち。その人たちが偶然出会っている場所。だから逃亡者たちの集う場所＝家という含みである。

それにしても、高橋は「逃亡者」が好きだ。一番好きな映画は『大脱走』（ジョン・スタージェス監督、一九六三年）だと公言し、あの映画に出てくるドイツの捕虜収容所からの脱走者たちに現実からの逃避者＝芝居者たち（自分も含め）を重ねている男だからだろう。しかし、逃避のための芝居ではなく現実との「架《か》け橋」になるような芝居を作りたいといつも思っているのだけれど。

縁あって客演に二人の逸材を迎える。「AND　ENDLESS」の西田大輔《にしだだいすけ》くんと「花歌マジックトラベラー」の窪田《くぼた》あつこさんである。西田くんの俳優としての華《はな》、窪田さんの女優魂は僕らに大きな刺激をもたらすにちがいないと思っている。短い稽古期間（通常の三分の二である）だが、集中していい舞台を作りたいと思っている。

改訂について

改訂の大きなポイントは、「殺し屋が弁護士に事件の顛末を語る」という回想の形式で物語を進行させている点である。劇中に弁護士がひょいひょい出てくるけれど、こういう手法は初めて使う。まあ、こういう手法は別に真新しいものでせはなく、ピーター・シェーファーの書いた

『エクウス』(一九七三年)や『アマデウス』(一九七九年)にそのすぐれた成果は見て取れるのだけれど、回想の聞き手が劇中に参加してくる(と言っても回想者にしか基本的に関わらないが)のは余り見たことがない。

本来、殺し屋と自殺男の交流を軸とした物語が、弁護士の登場によって、新たなる友情物語を生み出す可能性を提示していると思う。そして、殺し屋と自殺男の「単なる冒険物語」だった十年前の作品とは違い、殺し屋と弁護士の部分が、正義の在り方が混沌としている我々の現在と現実に繋がっていける契機を持っていると思う。「盗人《ぬすっと》にも三分の理」という諺《ことわざ》があるけれど、殺し屋を「絶対悪」として描くのではなく、義理も人情もある一人の「人間」として描くことは、現代的な意義があると思う。

舞台造型に関して

シアターグリーンという劇場の大きさから考えて、それぞれの場面を極力小人数で構成し、お得意の「前後の舞台を使って二つの場面を同時に見せる」という手法は抑制した。舞台装置もほとんどない裸舞台で演じようと思っている。まあ、舞台造型上のモチーフは、今回は「拘置所の接見室」ということにはなるのだが。ここはアドバイザーの元木《もとき》たけしさんと話して、シンプルで機能的な舞台装置を考えてみる。

小道具は使うつもりである。まあ、無対象案もなくはないが、この規模なら小道具を使えるので。

2003年3月4日

劇団ショーマ公演

『VERSUS死闘編〜最後の銃弾』

2003年12月17日〜29日　作・演出／高橋いさを　池袋シアターグリーン

『VERSUS死闘編〜最後の銃弾』の顔合わせに

作品について

今年四月の『逃亡者たちの家』以来、八ヶ月ぶりに公演に臨む。演目は『VERSUS死闘編〜最後の銃弾』である。

この芝居の底本となっているのは、八年前の一九九五年に新宿のシアターアプルで上演した『VS.』という芝居である。それは、サックス・プレーヤーの伊東たけしさんの生演奏をバックにアクションをやるというコンセプトの芝居だった。

しかし、今回の一番大きな改訂は、生き残った「真介」という男の回想として物語が進行する点である。まあ、誰もが指摘することだろうが、『逃亡者たちの家』と同じである。確かに、構成は『逃亡者～』に非常に似ている。

「VERSUS」とは言うまでもなく「～対」という意味である。『コジラvsキングギドラ』という時の、『ジャイアント馬場vsアントニオ猪木』という時の、『ダイエーvs阪神』という時の「VS」である。「ヴァーサス」と読む。まあ、広い意味で「対決」という風にとらえればいいと思う。誰が対決するのか？　この劇の中では「カジノの売上金」をめぐっていろんな男たちが対決する。それが「内藤」であり、「原田」であり、「榎本」である。だが、今回の作品は、単なるアクション演劇だった初演とは違って、もう一つの対決を「笠原」という囚人に託して描いてみたい。

「もう一つの対決」とは、拳銃で撃ち合うようなシンプルな対決ではなく、「この世界で生きていく」こと自体を意味するような対決である。それを「芝居をやり続けること」という風に置き換えてもいいし、もっと別の暗喩（イメージ）に置き換えてくれてもいい。だから、「登場人物のほとんどが拳銃を撃ち合って非業の死を遂げる」この芝居は、「人間、死んだらお終いだ」というようなネガティブなテーマを描いているのではなくて、「闘う男たち」を通して「命をかけて対決する人間」のすがすがしさをポジティブに描いているのだと考える。だから、最後に「ナオミ」という女が「真介」を殴る場面は、対決から逃亡している＝命をかけて生きていない「男たち」（真介と笠原）への叱責と最大のエールなのだと考えるのだ。よって、この芝居が描くのは、「問題を曖昧にして決して白黒ハッキリさせないもの」への怒りである。

「鉄の扉」という象徴

今回の芝居で、象徴として扱いたいのは、戯曲に指定のある「鉄の扉」である。この決して開かない「鉄の扉」が、最後に開いて「光」が射し込むという場面に、この芝居のポジティブさを集約したい。

まあ、刑務所とか、拘置所とか、わたしの芝居にはよく出てくる場所ではあるのだけれど、シンプルだが芸術的な効果が出せればいいなと思う。

まあ、ともあれ、拳銃アクション演劇であることに変わりはないので、ガン・アクションをかっこよくやりたいとは思う。

今回、客演として迎えるのは、劇団「絶対王様」の有川《ありかわ》マコトさん。そして、オーディションを突破して参加してくれる川守田《かわもりた》政宣《まさのり》さんと名田《なだ》佳史《よしふみ》くんである。よろしくお願いします。

それと、最後になったが、今回の公演は、「シアターグリーン ファイナル シリーズ招待公演」という冠がついている。これは、三十年余り、小劇場場面《シーン》を支えたこの劇場の最後の公演という意味である。シアターグリーンは新たな名称の劇場としてリニューアルするということだが、わたしたちの原点であるこの劇場の最終公演のひとつとして、この企画に参加できることは誇りである。

2003年11月5日

『VERSUS死闘編〜最後の銃弾』について

稽古が始まって一ヶ月。あれあよあれよという間に本番が迫った。現在、考えていることを書く。「最後の詰め」に当たるこの一週間の稽古を同じ認識とイメージを持って行ないたいからである。

三つの戦い

改訂のポイントは、「笠原と真介」の部分だった。言うまでもないと思うけれど、これは、劇全体を覆い尽くしている「対決」のテーマを「笠原と真介」の間にも持ち込みたかったということである。だから、この劇は合計三つの「闘い＝対決」を描いていると言えるか。すなわち、売上金をめぐる内藤たちの戦い、真介と笠原の戦い、そして、笠原が戦うであろうもう一つの闘い。

笠原が言う「闘い」とは何か？　それは、きっと「この世界でまっとうに生きて行く」というような闘いなのだと思う。笠原は「小説家」であると解釈するけれど、作家の闘いとは、拳銃で撃ち合うような種類のものではなく、非常に孤独な紙の上の闘いなのだと思う。また、別の視点で想像しても笠原の出所後の現状はたぶんとても厳しい。『ショーシャンクの空に』（フランク・ダラボン監督、一九九四年）という映画で描かれていたくらいしか「出所者」の人を知らないのだけれど、やはり「前科者」に対しての世間というのは冷たいものにちがいない。笠原が刑務所を出た後、何をするのかわからないけれど、『ショーシャンクの空に』の老人をイメージすると、彼はスーパーで若い店長に疎《うと》んじられながら働き、結局、孤独のなかで一人ひっそりと首をくくって自殺するのだ。

扉の向こう側には「鏡」があるのだけれど、本当に闘うべき相手は「もう一人の自分」というようなイメージを持てていいのではないかと思っている。そして、それが、この芝居を単なる「娯楽アクション演劇」を越えて、この芝居を見に来てくれる観客の現実と繋がっていく演劇になり得るはずだ——と演出のわたしは考える。

語り部としての真介

『逃亡者たちの家』もそういう構造になっていたけれど、この芝居も典型的な「語り部もの」の構造は持っていると思う。わたしの知っている「語り部もの」の秀作は、『マディソン群の橋』(C・イーストウッド監督、一九九五年)と『フライド・グリーン・トマト』(ジョン・アヴネット監督、一九九一年)である。前者は有名な小説を映画化したもので、名前くらいは聞いたことがあるだろうが、これは、母親の死後、息子と娘(二人は、それぞれ仕事と結婚で失敗している)が発見した母親の日記を通して、父親以外の男との母親の恋物語を知ることによって、二人がそれぞれの失敗を乗り越えて再生しようと決意するまでを描いた物語だった。後者は、夫とうまくいっていない主婦（キャシー・ベイツ）が、義理の母親のいる老人ホームに行き、そこで義母（ジェシカ・タンディ）から聞く彼女の昔話によって再生するという物語だった。これに倣って言えば、真介の話す「物語」によって、笠原が再生するのがこの芝居であるという言い方はできると思う。笠原が「ペンでしのぎを削る弱肉強食のもの書きの世界」における自分の姿を「拳銃で殺し合う弱肉強食の悪党たちの世界」においての真介に重ねていくということである。笠原が最後に「話、聞けてよかったよ」と言えるのは、話をしてくれた真介への感謝と言うよりも、真介の話のなかに登場した「命知らずの男たち」に会えたことへの感謝の気持ちとすればよいのだと思う。そういう意味では、笠原＝観客に「面白い！」「明日からも頑張って生きて行こうと思った」と言わせなければならない「役者」と「観客」のもう一つの闘いもココにはあるわけだ。

『逃亡者たちの家』における聞き手＝弁護士・平田の現実は余り描かれていなくて、平田が今どんな状況にいるかはハッキリとはわからなかった。けれど、今回の『ＶＥＲＳＵＳ』の方は、平田よりも明快に聞き手＝囚人・笠原の現実が厳しいことは暗示できると思う。なぜなら彼は、これから刑務所の外に出ていく男として設定されているからである。

思えば、刑務所のとある独居房で「定員オーバー」のために同居することになった二人の囚人の最後の夜――という設定は、とてもすばらしいとわたしは自画自賛する。こういう瞬間にこそ本当にドラマチックなものはあるような気がする。そして、新しい囚人と古参の囚人という二人の人生がふと交錯し、それぞれがまた別の世界で生きて行くというこの芝居の構造は、まさに「劇場」という独居房で出会い、明日からはまた別々の人生を生きるわたしたちと観客たちの人生の交錯の比喩として語れるからだ。しかも、その独居房（シアターグリーン）は、この公演を最後に二度と元には戻らないという現実。思えば、笠原が過ごした十年（？）余りの刑務所暮らしというのは、僕（ら）がシアターグリーンで過ごした日々と重なっているという見方もできるのかもしれない。その意味において「最後の銃弾」というサブ・タイトルには深い意味が出てくると思う。

２００３年12月８日

日本大学芸術学部演劇学科舞台総合実習　『天使が通る』

2003年9月12日〜13日　作／劇作コース二年・高橋いさを　演出／高橋いさを　演劇学科所沢実習室

『天使が通る』の舞台美術と音楽に関して

全体の舞台造型

この劇は「二人の天使が下界に降り立ち、さまざまな人間たちの恋愛模様を目撃していく」という構成で成り立っている。問題は、天使たちが降りて来る「下界」＝人間界をいかに象徴的にビジュアル化するかという点だと考える。

台本のト書きの冒頭にこうある。

> 舞台は、基本的に二つのエリアに分かれている。
> 「ステージ」に当たるAエリアと「観客席」に当たるBエリアである。

劇場のなかに「もうひとつ劇場」があるイメージ。

Aエリアは人間界の出来事が演じられるステージ、Bエリアは天使たちがそれを見ている観客席に当たる。

AエリアとBエリアの境界線には、開閉が可能なカーテンがついていて、そのカーテンを開閉しながら舞台転換を行なう。

必ずしもカーテンである必要はないが、転換の便宜上、観客の視線を遮る何かを必要とする。


とりあえず、このト書きを尊重すると、劇場のなかの「もうひとつの劇場」というモチーフが、この作品の象徴的なビジュアルである。すなわち、天使＝観客、人間＝俳優という構造。「人間界」は、劇場のステージを思わせればいいということだ。「劇場のステージ」というのを視覚化するにはどんな方法があるのだろうか？

前のプレゼンテーションの時に、天使＝見守る人＝親、人間＝見守られる人＝子供というイメージで舞台を作ってくれた人がいたけれど、「舞台と客席」という発想を少し飛躍させていくと、「子供の遊び場」というのもそんなに悪いものではないと思う。あるいは、競技場のようなものも競技を競うグランドと応援する観客席があるわけだし、法廷においては被告がいるエリアと傍聴席がある。

また、さらに発想を飛躍させれば、登場人物は常に観客席にいて天使とともに舞台の成り行きを見守っているという構造もありだと思う。すなわち、ピーター・シェーファーの『エクウス』（倉橋健訳、テアトロ、一九八五年）で使われていた手法だ。確かに、あの劇との共通点は多いような気がする（『エクウス』の冒頭のト書きには、「木造の円形《サークル》装置の上に木造の平方形《スクエア》が設置される。スクエアは手すりをつけたボクシング・リングを思わせる」と書いてある）。

どちらにせよ、パフォーマンスが行われる「舞台」とそれを見守る「観客席」がある舞台造型をしてほしいと思う。

演出としては、実際に劇場に来た「観客の視線」と劇中の「天使の視線」に同一の方向性を持たせたい。

それぞれの場面の造型

しかし、それぞれの話の場所は限定されているわけではなく、いろいろな場所になる。すなわち――。

①小さな公園、②夏樹（男）のアパートの一室、③ヒガシのアパートの一室（窓が必要）、④デパートの屋上広場、⑤産婦人科のロビー、⑥テニス・コート付近という合計六ヶ所である。

演出としては、極力、それぞれの場所はリアルに作りたいと考えてはいる。限界はあると思うが、必要最低限のものがほしい。例えば、公園なら「ベンチ」、アパートなら「テーブル」というように。「全体の造型はフィクショナルだが、それぞれの場面はリアルに」というのが演出の考えである。

「カーテン」（あるいは観客の視線を遮るもの）は、舞台転換をスマートに行なうためのものである。カーテンをつけずに、天使の格好をしたスタッフが転換を観客の目の前で行なうという案もなくはないのだが、これだと、それぞれの物語終了後のインターバルにおける観客の視線が天使の「アイコとタカネ」に集中しないと思うので。「観客の視線を遮るもの」は必ずしも左右に開くカーテンのようなものではなくて、上下に開閉する幕のようなものでもよいと思う。これが閉まっている（下りている）間に、舞台転換を行なう。そのカーテンにはどんな「絵」あるいは「文字」があるとよいか？　あるいは、「回り舞台」という発想もなくはないけれど、これは予算にも関わるし、大掛かりになりすぎるような気がする。わたしは「満点の星の見えるプラネタリウム」というイメージを持っているけれど、「星の下の劇場」というイメージで全体の舞台造型を考えてもらうといいのではないか？

音楽について

それぞれの物語にひとつずつアメリカのオールディーズみたいな曲を使いたいと思っている。

いわば日本版の『アメリカン・グラフィティ』のようなイメージ。また、「天使が人間を見ている」という内容の芝居なので、この芝居のテーマ曲は、ポリスの『見つめていたい』を第一候補として考えている。これを使ってプロローグとエピローグのダンスをやりたい。副題とした〝Someone to Watch Over Me〟は、『誰かに見られている』の邦題を持つジョージ・ガーシュインのスタンダード・ナンバー。これもどこかに使えないか？

2003年7月15日

『天使が通る』の構図と演出の方向性〜演出部の人々へ

天使のポジション、人間のポジション

同じ作品を演出していくに当たって「共通の認識」を持ちたい。てんでんバラバラに作業をするのではなく、共通の認識に基づいてそれぞれの作業をしたい。これから稽古が始まると、現場でさまざまな役者からさまざまな疑問が提出されてくるに違いない。その時に、我々は共通の認識の上でその返答を用意しなければならない。

まずこの企画の意味から言う。戸田宗宏教授から総合実習の作・演出を担当してもらえないか

と打診があり、わたしが真っ先に考えたのは、かつて劇団で上演したことのある「天使が出てくる芝居」だった。

今回の『天使は通る』も、形式はその芝居に準じている。「二人の天使が下界に降り立ち、さまざまな人間たちの恋愛模様を目撃していく」という構成である。なぜ「天使」だったのか？ 劇作家のわたしの戦略は、オムニバス形式の人間を主人公にしたそれぞれの話は学生に書かせて、それを天使という「超越的なポジション」から批評するということだった。つまり、「先生」であるわたしのポジションを天使の視線にダブらせたかったのである。この構図で言うと、「人間」＝劇作家としての経験のない劇作コースの学生たち、「天使」＝劇作家として二十年のキャリアのある先輩の「わたし」である。わたしが、学生の書いたものに深く立ち入らず、あくまで批評しやすいポジションをキープしているところに知恵があり、「先生と学生の共同作業《コラボレーション》」を成り立たせるためには、非常によい構成だと思ったのだ。

基本的に、この方法論を演出にも応用していいと思っている。すなわち、天使の部分はわたしが担当するから、人間の部分はあなたたちが担当すればいいということだ。だから、わたしは、あなたたちの演出を批評するポジションをキープする。

あなたが「いい演出」をすれば、天使の口を通してそれを賞賛するし、ダメな演出をすれば天使の口を通して「ダメ出し」するという構造。

しかし、さらに言えば、人間＝学生＝役者＝見られる人、天使＝わたし（演出）＝観客（劇場に来るあなたの両親）＝見る人という構造を想定している。だから、装置プランを作ってもらう時に、「劇場」という場にコダワったのだ。劇場こそ、「見る人」と「見られる人」がもっとも象徴的に視覚化できる場所だと考えたからである。

この芝居における天使の位置

天使を題材にした映画は数多くあり、わたしの馴染みのある作品で言うと、『素晴らしき哉、人生！』（フランク・キャプラ監督、一九四六年）『天国から来たチャンピオン』（ウォーレン・ベイティ／バック・ヘンリー監督、一九七八年）『ベルリン・天使の詩』（ヴィム・ヴェンダース監督、一九八七年）『マイケル』（ノーラ・エフロン監督、一九九六年）辺りが思い出される。みんな映画ではあるけれど、わたしはこういう映画を通して「天使」というものを発明した西洋文化を知った。とは言え、正攻法で「天使」をきちんと考えようとすると、「キリスト教」のことをよく知らなければならなくなるけれど、ここでは、キリスト教文化圏における天使の役割というような領域には踏み入らないつもりだ。あくまで、前述のように「見る人」の代表として天使を選んでいる。だから、わたしたちが扱っている「天使」というのは、広い意味において「子供たち」に対する「親の視線」を持った存在と考えてもらえばよいのではないか。

そんな前提を持った上での話だが、この『天使が通る』という芝居は、基本的に「人間の物語」と言うより、「天使の物語」である。天使のタカネとアイコが出会い、アイコの行動に触発されてそれまで厭世的《えんせい》だったタカネが世界との関わり方を少しだけ変えるという物語である。これが『天使が通る』を貫いている芯《しん》である。

タカネが何をきっかけに変化するかはいろいろな作り方が可能であると思うけれど、やはり、アイコという天使の世界との関わり方に大きな興味を持つということだと思う。それが「恋愛」と呼べるようなものなのかはわからないけれど、たぶんタカネはアイコのことを「好き」になるのだと思う。そういう意味では、六話すべての話に共通している「恋愛」を描くというテーマの最も象徴的な関係が「アイコとタカネ」にあるべきであると考える。アイコ役に抜擢したのは粕《かす》川順央《かわすなお》である。このからだの小さい女優のキュートさがすべてを決めると言えるかもしれない。「愛の象徴」であるから「アイコ」なのである。よって、この劇のド真ん中にいるのは、このアイコという女の存在である。

そういう意味では、あなたたちが担当する人間たちは、少なくとも「アイコが興味を持てる人間」でなければならない。愚かだけれど、魅力的な人間が。「魅力的な人間とは何か?」などと考え出すとわけがわからなくなるのだが、穿《うが》ったことを言えば、君たちを芸術的なリーダーとするそれぞれのチームの役者たちが一生懸命この芝居に取り組んでくれるその姿が魅力的なのだと思う。

エピローグにおいて「踊る人間たち」の躍動する肉体が、単なる「ショー」や「かっこつけ」のレベルを越えて、「いろいろ辛いこともあるけれど、頑張って生きて行く人間たち」の象徴に見えたとしたら、この劇は大成功であると考える。

2003年8月6日

バンタンモデルアクターズカレッジ卒業公演 『レディ・ゴー！』

2004年3月19日〜20日　作／高橋いさを・中尾知代　演出／高橋いさを　恵比寿エコー劇場

『レディ・ゴー！』について

この公演の成り立ち

今回の芝居は、日芸の演劇学科一年の中尾知代《なかおともよ》さんとわたしの共作である。中尾さんは弱冠十九歳である。わたしが彼女に戯曲執筆を依頼したのは、二十歳くらいの女の子の気持ちをきちんと書いてほしかったからである。なぜそうなのかと言うと、高橋クラスのメンバーは、そのくらいの年齢の女の子が男性より圧倒的に多いし、活気も女の子たちの方があるようにわたしには見える。「そんなことはないっすよッ」とNあたりは言いそうだけれど、まあ、これは仕方ないことだ。男の子が後五人いたら別の演目になっていたと思う。よって、前年度の『へなちょこヴィーナス』に続き、「女の子主体のドラマを作る」というのが、今回の一番大きな狙いだった。

その結果、「レディース」に所属している女の子が、ひょんなことから「ボクシング」をすることになってしまう——というのが今回の芝居の内容である。「『天使にラブ・ソングを…』（エミール・アルドリーノ監督、一九九二年）みたいなヤツがいい」というわたしのリクエストに中尾さんが応えてくれたのがこの『レディ・ゴー！』である。『天使に〜』は、たぶんみんなのなかにも見た人が多い映画だと思うけれど、あれは、殺人事件を目撃した「場末のクラブ歌手の女」が、裁判までの間、敵の目を欺くために潜伏したのが「修道院」で、彼女はそこで「シスター」として活躍してしまうという物語だった。そう聞くと「なるほど」と思うかもしれないけれど、この映画の構造を借りて、「レディースの女」が「有馬ボクシング・ジム」で「ボクサー」として活躍してしまうというのがこの芝居だ。

千奈の「闘いっぷり」がすべてだ！

中尾さんの書いた第一稿のド真ん中にあったであろう台詞は次の台詞である。

「女だってな、闘えるんだよ！」

小野崎のパンチを食らってダウンした千奈は立ち上がり、そう叫ぶ。この台詞は、結局、現在の台本のなかからは消えているけれど、その精神《スピリッツ》は生かして台詞は書いたつもりだ。「女だってな、闘えるんだよ！」

正直に言おう。「果たしてそうか？」と男のわたしは思う。「女も男と同じように闘えるのか？」――これはとても難しい問いである。「何言ってんですか！　闘えるに決まってるじゃないですか！」とアナタは言うかもしれない。まあ、確かに「闘える」だろう。「闘う」という言葉をどのレベルで考えるかによっても意見はいろいろ出ると思う。けれど、わたしはさらに自分に問う。あらゆる意味において「本当に勝てるか、男に？」

男尊女卑と言われるかもしれないが、わたしは勝てないと思う。「女は闘う性ではなく守る性だ」と古風なわたしは思ったりするからかもしれない。しかし、この芝居を通して、いや、もっと具体的に言えば、ヒロインとして抜擢した二人の女の子のファイティング・シーンを見て、「やっぱり無理だったな」と思うか、「オレは間違っていたかもしれない」と思うか――そこがこの芝居の肝《きも》なのだと思う。

もちろん、これはフィクションである。ファンタジーである。夢物語である。だから、わたしは演出家としての手練手管《てれんてくだ》を総動員して、「素人女がプロになろうとしている男と試合をして引けを取らない」というその夢物語を観客に見透かされないように万全の態勢を整える。しかし、結局のところ、この芝居の最も重要な台詞であると考える未央の「女だってできるよね、きっと」という最後のキメ台詞を説得力をもって観客に手渡せるかどうかは、千奈の闘いっぷりにかかっていると思う。千奈の闘いっぷりに説得力がなければ、この台詞はズシンと観客の胸には響かず、「ふーん」という風になると思う。願わくば、千奈を演じる二人の女優の卵が、自分のギリギリのところで勝負してくれることを祈る。わたしはたぶんアナタの闘いを観客席でへらへらしながら見ている。「ヘッ、しょせん女だな」と。そんなオレをギョッとさせてみやがれ。

男社会のなかの女たち

この物語は、レディースからは「千奈」、ボクシング・ジムからは「未央」、警察からは「松崎」に代表される「男社会のなかでの女たちの奮闘」の物語である。この三人は、一見バラバラの世界に住んでいるようでいて、実はみな同じ問題に直面している。すなわち、男とハリあって生きていく困難にである。そのテーマが収斂していくのが「千奈と未央」の関わりである。父を失い、愛するジムも解散せざるを得ない状況に追いこまれている未央（＝観客）を、励ますのは千奈のパワーにかかっている。

バンタンでのこういう形での公演は、来年からはなくなるかもしれない。バンタンに講師として来て五年。『バンク・バン・レッスン』（一九九九年）、『ウォルター・ミティにさよなら』（二〇〇〇年）、『アロハ色のヒーロー』（二〇〇一年）、『へなちょこヴィーナス』（二〇〇二年）と続いたわたしの担当する卒業公演もこれが最後。最後を飾るに相応しい熱い舞台を作りたい。がんばろう！

2004年2月16日

方南ぴぃぐみ公演『8ぴぃ』

2004年6月22日～27日　作／樫田正剛　演出／高橋いさを　下北沢OFF・OFFシアター

『8ぴぃ』をいかに造型するか

『8ぴぃ』について

わたしはいつも公演をするときに「ノート」を作る几帳面な男である。どういうことがやりたいのか、どういうビジョンでその公演に取り組むのか。そういうことを文章にする。


舞台はとある地方都市の神社の境内。

ここに、幼馴染みの八人の男女が十年ぶりに集まって来る。

集めたのは町の役場に勤めている健吾。理由は、仲間の一人である安西るみ（通称「ルル」）が、結婚詐欺にあって落ち込んでいるので仲間たちに知恵を借りてルルを慰めようというのだ。
十年ぶりに会う仲間たちはみな変わっていた。それぞれの事情、それぞれの悩み。

どちらにせよ、この芝居は、幼い時代を共にした人々の友情物語なのだとは思う。ずっと前に『愛というもとに』（野島伸司脚本、一九九二年）というテレビ・ドラマがあったけれど、あんな感じのテイストの。時間が経ち、それぞれの人々の考え方や価値観は変わり対立もするけれど、やっぱり「仲間はいいものだ」というような結末に達する……。ルルを助けようとする仲間たちの姿がイコール、ここに集ったさまざまな現場で活動する俳優たちの現実の姿に繋がっていればよいのだ、と。そして、『8ぴぃ』というふざけたようなタイトルに込められている何かもそのようなものだと考える。8ぴぃ＝八人の幸せ＝ハッピー。

内容から察すると、ドラマチックな事件が面白い話なのではなくて、十年ぶりに会った人々のキャラクターが重要な劇なのだと思う。明快なキャラクターの創造。

友情のシンボルとしての大木

台本の出来ている部分が少なくてプランを変更する可能性はあるけれど、現在、演出の考える視覚的なポイントは、「神社の大木」である。台本には「舞台下手に」と指定されているこの大木だが、これを真ん中に置き（と言っても劇場の条件から難しいかもしれない）、この大木が常に人々のやり取りを見守っている――というようなイメージを持ったらどうかと考える。芝居の設定は公演時の初夏ということだと考えるので、木々の緑が清々《すがすが》しい季節である。いつも彼らの姿を見てきた大木＝同級生たちの十数年に及ぶ親交＝友情のシンボルとしての大木。春夏秋冬――いろいろな季節がめぐったけれど、それでも地に足をつけてドシンと変わらない大木＝変わらない友情。

また、「樹齢」という言葉があるように、大木は「時間」というものの視覚的表現になる可能性もあると思う。

イメージだと、大木の回りを一周すると、時間が十年経過しているとか、時間経過すると常に大木の後ろから人物が現れるとか、常に大木を気にする人物（例えばナレーターのあやめ）がいるとか、そういうことである。

2004年6月2日

『8ぴぃ』はどんな物語か

俳優は「言葉によって言い表せない感情」を表現していく仕事だけれど、わたしは演出を担当しているので、言葉に頼る。言葉によってこの『8ぴぃ』がいかなる物語かを書いてみる。演技の方向性もそこにあると信じる。


舞台はとある地方都市の神社の境内。

ここに、幼馴染みの六人の男女が集まって来る。集めたのは町の役場に勤めている健吾。理由は、仲間の一人である安西るみが、結婚詐欺にあって落ち込んでいるので仲間たちに知恵を借りてルルを慰めようというのだ。しかし、彼らの優しい心遣いもどこ吹く風、当のルルはあっけらかんとしている。

そんなとき、ルルは、意外な人物に出会う。サラ金の回収係の中河原という女である。ルルは多額の借金を返済していないらしい。ルルに迫る中河原。

ところが、ルルがかつての恋人みつると同級生だと知った中河原は、みつるとの結婚を交換条件に、ルルの借金を帳消しにしてやると言い出す。みつると借金を秤にかけて、ルルの出した答えは――借金帳消し。そんな折り、逃亡を図ったルルを見て、中河原は衝動的に手首をナイフで切ってしまう。

人々を巧妙な芝居で騙し、みつるを糾弾するルル。その情熱的な説得を、「結婚詐欺にあって傷付いた自分に重ねているんだ」と勘違いする人々。

そんな時、あやめが中河原の正体を明かす。中河原が実はみつるを追ってきたのではなく、ルルを追ってやってきた「サラ金」だと知りびっくりする人々。さらに、あやめはルルが実は健吾にも多額の借金していることを暴露する。追い詰められたルルは、ふてぶてしく開き直る。そんなルルを見て、大作の恋人の小田切は、ルルへの嫌悪感を露にし、そんな女でさえ庇おうとする旧友たちに「ともだちごっこ」という言葉を投げ付ける。「……」となる人々。

自業自得——絶体絶命のピンチに追い込まれたルルは、自らの意思で借金返済のための風俗業界入りを承諾する。「仲間であることと個人の責任（甘やかすこと）は違うのだ」ということを理解するルルと仲間たち。そんな時、祭りのお囃子がきこえて来る。遠い昔を懐かしく思い出す人々。そしてルルは初めて心から涙を流す。

神社の境内に残った健吾、正一郎、あやめは、ある意味では「残酷」でもあったルルへの自分たちの対処に戸惑いの気持ちもあるけれど、仲間だからこそ「これでいいんだ」と誰もが思う。

それから一ヶ月後。みつると中河原、大作と小田切の結婚式が同じ神社で行なわれる。さまざまな思いを胸に秘めながらも、それでも幸せそうな人々の顔。

つまり、前のノートで曖昧にしていた「そして、彼らの辿り着いた結論は……」という部分が「仲間であることと個人の責任（甘やかすこと）は違うのだ」という部分だと考える。そういう意味では、最後の「健吾、正一郎、あやめ」の三人の場面に「新郎新婦を送り出した父親と母親」のイメージを重ねるのは間違っていないと思う。「仲間」を「家族」と言い換えれば、「家族であることと個人の責任（甘やかすこと）は違うのだ」となるし、これもひとつの真実ではあると思うから。その意味で、この物語は、「ルル」という愛する我が子を送り出す父親と母親の物語とも読み替えることができるのかもしれない。もっとイメージを飛躍させれば、甘い父親（健吾）、厳しい父親（正一郎）に母親（あやめ）がいるということだ。そして、世の中をナメている最愛の娘（ルル）は犯罪を犯す。その犯罪に対して、また娘を処罰しようとする警察（中河原）らに対して家族たちはどう対処するのか――そういうイメージでとらえることもできる。そんな家族を見守るは、大木である。祖父と祖母である。歴史である。超越的な存在である。あるいは――神である。

2004年6月20日

日本大学芸術学部演劇学科舞台総合実習 『プール・サイド・ストーリー』

2004年9月23日～25日　作／高橋いさを・高橋卓郎　演出／高橋いさを　演劇学科所沢実習室

『プール・サイド・ストーリー』について

置き換えはどう行なわれたか

この作品は、劇作コース二年の高橋卓郎《たかはしたくろう》くんとわたしの共作である。台詞と構成はわたしが全面的に書き換えたが、基本的なアイデアと登場人物は卓郎くんの書いた第一稿に因っている。題して『プール・サイド・ストーリー』——言うまでもなく『ロミオとジュリエット』の卓抜した翻案劇『ウエスト・サイド・ストーリー』のモジリである。

今年、劇作コースに出した課題は「シェイクスピアの『ロミオとジュリエット』を翻案せよ」というものだった。その作業に参加した合計六人の劇作コースの学生が提出したそれぞれの『ロミオとジュリエット』の翻案劇の中から選んだのが本作である。語り手である「学校長・江戸川」が進行役となり、この夏に起こった高校生の事故死の謎を究明していく「報告会」という体裁でドラマは展開する。構造的には、『天使が通る』における「天使」に相当するわたし（高橋いさを）のポジションは、今回はこの「江戸川」という人物にあると思う。

この作品では、原典における「ヴェローナの都の二つの家の対立」が、「都立弁楼南《べんろうみなみ》高校の二つのクラブの対立」に置き換えられている。

○ユーミン↓モンタギュー　○崎さん↓キャピュレット
○中嶋一平↓ロミオ　○伊佐岬↓ジュリエット
○たけし↓マキューシオ　○しずか↓ティボルト
○信男↓ベンヴォーリオ　○邦子↓パリス
○三郎↓エーブラハム　○春江↓乳母（？）
○真一↓バルサザー　○良子↓サムソン
○ボス↓ロレンス神父　○のり子↓グレゴリ
○江戸川↓エスカラス大公

作者は以上のような人物の置き換えをイメージしている。原典ではロミオとジュリエットは死ぬのだが、この作品では死なずに、その代わりに「ヘレン」という一平の親友が命を落とす。『シラノ・ド・ベルジュラック』（エドモン・ロスタン作）における「シラノ」に当たるこの人物を登場させたという点が、この劇のいいところだと思う。ヘレンは友人の愛の成就のために命を落とす殉教者のようなイメージを持っている。

この劇の象徴としての「プール」と「空」

わたしの演出はいつも「象徴」に始まって「象徴」に終わる。『天使が通る』は、「見るもの」（天使）と「見られるもの」（人間）の関係を描いた劇だったので、舞台造型上の象徴は「劇場」だった。象徴――その劇を視覚的に最も雄弁に語るものを中心に舞台のイメージを方向付けること。

今回の芝居の象徴は、タイトルにもなっている「プール」なのだと思う。満々と水を湛えたプールと青空。水と青空。そこに若い恋の純粋さと輝きが重なっていく――というイメージになればいいのだと思う。あるいは、少し飛躍して「水族館」というようなイメージも面白いか。あるいは「海」……いずれにせよ、この劇を象徴するヴィジュアル・イメージ（＝色）は透明感のある「青」あるいは「ブルー」であると考える。

シンクロナイズド・スイミングをいかに見せるか

「対立する二つのクラブ」とは男子シンクロ部と女子シンクロ部である。劇の冒頭とクライマックスに実際にシンクロの競技を演じることになる。

シンクロと言えば、いやが応でも『ウォーターボーイズ』(矢口史靖《やぐちしのぶ》監督、二〇〇一年)を連想するし、そういう先行作品があるだけに、オリジナリティという点でこの作品の分は悪い。けれど、舞台でシンクロナイズド・スイミングを見せるというのは、極めて演劇的な想像力が試される試みである。もしかしたら、舞台でシンクロを見せるのは日本で初めてかもしれない。

この競技の場面をいかに演劇的にうまく見せるか——というのが演出上の大きな課題である。装置コースのプランナーの卓抜した舞台装置の工夫を期待する。

準備稿にイメージ図はあるけれど、プールサイドが「回転する」ような形式のものも面白いと思っている。プールサイドが「回転する」ことによって舞台が、ある時は「表」(=プール内)になり、ある時は「裏」(=プール外)になるような構造。

2004年7月18日

『プール・サイド・ストーリー』をいかに造型するか

『プール・サイド・ストーリー』について

わたしはいつも公演をするときに「ノート」を作る几帳面な男である。どういうことがやりたいのか、どういうビジョンでその公演に取り組むのか。そういうことを文章にする。今回の『プール・サイド・ストーリー』は、こんな物語だ。

舞台は海に近い町（千葉辺りか）のとある高校。この高校の水泳部は、男子と女子があるが、些細なことに端を発して激しく対立している。そんな環境もあって男子と女子の恋愛は厳禁。そんなクラブにそれぞれ所属する一平と岬は恋に落ちてしまう。さまざまな葛藤を経て、二人は一平のよく行く古本屋の親父の手を借りて、「狂言の死」を演じる作戦を立てるが……。

まあ、何てことはない物語ではあるけれど、『ロミオとジュリエット』の翻案劇であるこの芝居の面白味は、オリジナルなストーリー展開にあるのではなく、『ロミオとジュリエット』の世界を、いかに別の位相で鮮やかに成立さるか——という点であると考えると、まあまあうまくいっているのではないかと思う。

いま現在、この物語（『ロミオとジュリエット』）を読むと、「戦争に踏み切ったアメリカとそれに反発する中東のイスラム世界の人たちの報復の連鎖」というイメージも持てるのだから、さすがシェイクスピアである。改めて『ロミオとジュリエット』の普遍性を感じずにはいられない。

とは言え、この『プール・サイド〜』は、純然たる「青春演劇」であって、そんな寓意をこの劇に持たせようとは思わないけれど、読みようによってはそう読めないことはない物語だと思う。

この劇の象徴としての「水」と「空」

今回の芝居の象徴は、タイトルにもなっている「プール」である。満々と水を湛えたプールと青空。水と青空。そこに若い恋の純粋さと輝きが重なっていく——というイメージになればいいのだと思う。だから、この劇を象徴するヴィジュアル・イメージ（＝色）は透明感のある「青」あるいは「ブルー」である。舞台装置のプランナーは小野清菜《おのきよな》さんが担当する。

青という色は、「青二才」「青臭い」というような言葉が現すように「未成熟」という意味を持つと思う。それがこの劇の主人公たちの精神の幼さ＝未成熟さに連なるイメージである。しかし、同時に青は、「青春」という言葉があるように最も輝かしい時間でもあるのだ。青という色の持つ両義性《りょうぎせい》。未成熟ゆえの愚かさと清々《すがすが》しさ——そのシンボルの色としての青。エピローグで全員で踊る曲を照れもせず『ヤングマン』（歌／西城秀樹）にするのは、この劇を一人の若者の命を奪った「プールの悲劇」としてまとめるのではなく、紛れもない「若さの賛歌」としてまとめたいと思うからに他ならない。もっと言えば、わたしがこっそりとこの劇に込めるメッセージは「命短し恋せよ乙女」である。

シンクロナイズド・スイミングをいかに見せるか

音響と振り付けの打ち合わせはすでに行ない、シンクロを行なう曲は――。

男子①「HIGH PRESSURE」（T. M. Revolution）

②「GOLDFINGER'99」（郷ひろみ）

女子①「タッチ」（岩崎良美、ユーロビート・バージョン）

②「ダンシング・クイーン」（ＡＢＢＡ）

である。どの曲もかなり、激しい曲だけれど、カッコヨク、なおかつ面白いシンクロが舞台でできることを期待する。因みにシンクロにおける「足技」は、マネキンの足を使って演じようと思っている。それぞれのシンクロ部員役の俳優たちの創意工夫に期待する。

２００４年７月30日

方南ぴぃぐみ公演　『ラスト・ステージ～改訂版』

2004年12月21日～23日　作・演出／高橋いさを　銀座みゆき館劇場

『ラスト・ステージ～改訂版』について

『ラスト・ステージ』についての解説

この芝居は、『ラスト・ステージ』（一九九五年初演）という三十分余りの短編劇（『高橋いさを短篇戯曲集』所収／論創社）を元に、その芝居に劇中劇として『ドレッサー』（一九九四年初演）という芝居を組み合わせたものである。前者は劇団ショーマのファン・サービス公演として、後者は女優の室井《むろい》滋《しげる》さんのリサイタル公演として、かつて別々の作品として上演されたものである。だから、純粋に新作とは言えないのだが、こういう形での「見せ方」は初めてのことだ。こういう形での「見せ方」――すなわち、『ドレッサー』そのものは観客には見せずに、『ドレッサー』を上演している劇場の下手袖を舞台に構成し直したバージョン。

当初は、三谷幸喜《みたにこうき》さんの書いた『ショウ・マスト・ゴー・オン　幕を下ろすな』（一九九一年初演）を参考にして、舞台監督たちの活躍を台詞を通して書こうとも思っていたのだが、どうも嘘臭い感じがつきまとい（リアルに考えると、舞台裏で、上演中にスタッフはそんなにしゃべらないと思う）、結局、大胆にも台詞は一切なく、すべての人物の意思表示は「ジェスチャーだけ」で行なわれる。台詞がないぶん（と言っても『ドレッサー』の台詞は常に聞こえている中で演じたいのだが）どういう身体表現が可能なのか、作者のわたしにも掴み切れていない点が多く、稽古場で実際に稽古していく中で創造するエピソードが大きな比重を占めてくると思う。だから、もしかしたら俳優諸氏にとても負担をかけてしまうかもしれないけれど、そういう身体表現の「創造」は、とても豊かな演劇を生む契機に満ちていると思うし、同時に稽古のやりがいがあると演出のわたしは思っている。初めてお付き合いする人も多いけれど、みなさんの創意工夫に期待したい。

作者がネタをバラすのは、不利なこととは知りながら、参考にもなるものなので紹介するが、こういう手法の舞台はすでに書かれたことがある。イギリスの劇作家マイケル・フレイン作『ノイゼーズ・オフ』である。映画化されたものは『カーテン・コール～ただいま舞台は戦闘状態』（ピーター・ボグダノヴィッチ監督、一九九二年）というタイトル。映画しかわたしは見ていないけれど、舞台稽古の場面が第一幕、その本番の舞台裏が第二幕、本番の表舞台が第三幕という構成が奮っている。同じ舞台を三つの視点で見せるという着想の妙。この芝居の第二幕は、『ラスト・

ステージ〜改訂版』同様、舞台裏は台詞はほとんどなく、すべては「アクション」だけで構成されている。この手法をここでも使っているわけだ。

演劇賛歌としての『ラスト・ステージ』

「人は役者、世界は舞台」――という言葉がある。かのウィリアム・シェイクスピアの『お気に召すまま』に出てくる有名な台詞だ。これに倣って言えば「役者」を描くということは「人間」を描くということだし、「舞台」を描くということは「世界」を描くことに他ならない。言い方を変えれば、「役者」は「人間」の比喩になり得る存在だし、「舞台」は「世界」の比喩になり得る場所であるということだ。そして、舞台に裏と表があるように、世界にも裏と表がある。舞台に書き割りでてきた薄汚い舞台裏と装飾も華やかな表舞台があるように、世界にも書き割りでできた薄汚い舞台裏と装飾も華やかな表舞台がある。まあ、そんな大層なことではなくても、すぐれた劇は、常に描かれたもの以上のことを観客にイメージさせる。舞台裏＝「家庭」で、舞台＝「会社」とか、舞台裏＝「厨房」で、舞台＝「レストランの店内」とか、舞台裏＝「従業員控え室」で、舞台＝「キャバクラ店内」とか。そういうイメージの広がりを持てたらいいなあと思っている。要するにこの劇は「芝居作りは大変だけど素敵なんだ！」という「演劇賛歌」の劇であり、もっと言うなら「人間賛歌」の劇なのだと考えている。クリスマス・シーズンの公演だし、劇自体もそういう季節の話なので、随所に「クリスマス色」を出せればいいなとも思う。音楽のイメージは、「カーペンターズ」などがよいと思っているのだが。

2005年11月23日

薔薇と雪は何を語るか〜『ラスト・ステージ』が目指すもの

この芝居は何を描いているのか

代役騒動であわただしい舞台裏に現れた一人の美女。果たして彼女の正体は？　そして、舞台裏のスタッフたちは無事に幕を下ろすことができるのか？
まあ、この芝居を短く要約するとこういうことになるのだと思う。もう少し詳しく書くとこうか。

季節はクリスマス。舞台はとある舞台を上演中のとある劇団の下手舞台袖。公演最終日の前日に出演者の花村が急性盲腸炎で急遽入院という事態を迎え、仕方なく演出の高林イサムが最終日の舞台に出ることになる。高林はキャリアのある演出家だが、舞台に役者として出たことはない。ほとんどパニックに陥る高林。それでも幕を開けることを決意した制作の岸田と舞台監督のサブさんは、万全の体勢で本番を迎える。果たしてイサムさんは代役を無事に務めることができるのか？

そんな緊迫した舞台裏に一人の女が訪ねて来る。女は薔薇の花束を抱えてサブさんを訪ねてきたのだ。女をめぐっての憶測が飛び交うけれど、今はそれどころではない。かくして、舞台の幕は開く。さまざまなトラブルを何とかクリアしながら舞台を進行させる舞台監督チーム。舞台は散々の出来だが、皮肉にも観客は大きな拍手を出演者たちに送る。

くたくたに疲れた舞台監督チームの元へ先ほどの女がやって来る。女はサブさんの舞台を十年間見続けた「舞台監督ファン」だった。女のサブさんへの深い愛情を目の当たりにした人々は温かい気持ちで撤収作業（バラシ）を始める。


言うまでもないことかもしれないが、この劇の真ん中にいるのは、舞台監督のサブさんである。そして、サブさんの二人の助手。この舞台監督チームの活躍を描くのがこの芝居である。表（＝しずかと直人とイサムさん）を裏で支えるこの三人への賛歌がこの芝居なのだ。そして、そんな陽《ひ》の当たることのない苦労への最高のクリスマス・プレゼントとして贈られるのが、雪絵という女が持ってくる薔薇の花束なのだ。すなわち、薔薇の花が意味しているものは、「感謝」であり、

「愛情」である。その象徴としての薔薇の花束。

薔薇と雪は何を語るか

視聴覚的に最も美しいイメージを作りたいのは、最終場面の「薔薇の花束の上に舞い落ちる雪」というイメージである。わたしにとってこのイメージは、『悲しみは雪のように』（浜田省吾《はまだしょうご》）なのだけれど、あの歌では、雪はタイトル通り「悲しみ」の象徴として扱われていた。

しかし、この芝居での「雪」は、「優しさ」とか「慈愛」のようなイメージで扱いたい。

薔薇＝美しいけれどいつかは滅び消えてなくなるという「はかない」イメージ＝人間の人生。

雪＝超越的な存在（例えば、神）が薔薇（＝人間）を優しく労《ねぎら》っているイメージ。

そんなはかない薔薇（人間）のイメージが、撤収作業で消えてなくなる一時の夢＝舞台のイメージに連なっていればよいと思う。すばらしい！　これが芸術でなくて何だろう！　サブさんを主人公とするこの劇の登場人物たちはみんな舞台＝人間＝薔薇を愛する人たちなのだ。

このイメージの「絵」に、どんな聴覚＝音楽をぶつけると、もっとよくなるかを迷っている最中で、クリスマス・ソングがいいことまでは決まっているのだが、「ホワイト・クリスマス」か「サイレント・ナイト」か、あるいは別の何かか？　「奇跡《ミラクル》の起こる日」としてのクリスマス。

ところで、稽古をしながらいつも思い出す言葉がある。それはこんな言葉だ。

「人生の中で起こることはすべてショーの中でも起こる」

これは、ミュージカル映画『バンド・ワゴン』（ヴィンセント・ミネリ監督、一九五三年）のなかの名台詞だ。それに倣って言えば「人生の中で起こることはすべて舞台裏でも起こる」とも言えるような気がする。そんな思いが、イサムさんの最後の台詞「何とかなりますよ——そう言ったろう、さっき」に重なって来ると最高だ。そう——たぶん、イサムさんは、すでに終了し、舞い落ちた雪の残滓《ざんし》の残る舞台を舞台裏から初めて見ながら思ったのだ。「人生、どんなに大変なことがあっても、何かを愛する心があれば、何とかなるのだ」と。

そんなことをイメージさせることができる舞台ができたら、演出家として言う事はない。

2004年12月16日

方南ぐみ番外公演『男たちよ懺悔しなさい〜ぐち』

2006年12月21日〜24日　企画・構成／樫田正剛　演出／高橋いさを　恵比寿エコー劇場

この芝居の構図と演出の方向性

天使のポジション、人間のポジション

初めまして。高橋いさをです。作品を作るに当たって今、考えていることを文章にします。

非常に特殊なこの企画の演出を打診された時、わたしが真っ先に考えたのは、かつて上演したことのある「天使が出てくる芝居」だった。その芝居は、「天使が目撃する六つの恋愛物語」というコンセプトのオムニバス形式の芝居で、六人の作家の書いた恋愛物語の短編を二人の天使がつないでいく構成のものだった。

今回の『男たちよ〜』の構成も、その芝居に準じている。それは「二人の天使が下界に降り立ち、さまざまな人間たちの恋愛模様を目撃していく」という構成である。なぜ「天使」だったのか？　わたしの構想は、それぞれ作品を提供してくれた作家たちの書いた短編を天使という「超越的なポジション」から批評するということだった。つまり、演出者であるわたしのポジションを天使の視線にダブらせたかったのである。この構図で言うと、「人間」＝別々の作品のなかの役者たち、「天使」＝それを鳥瞰する演出者のわたし――である。

すなわち、人間＝役者＝見られる人、天使＝わたし（演出）＝観客＝見る人という構造。

この芝居における天使の位置

天使を題材にした作品は数多くあり、わたしの馴染みのある作品で言うと、『素晴らしき哉、人生！』（フランク・キャプラ監督、一九四六年）、『天国から来たチャンピオン』（ウォーレン・ベイティ／バック・ヘンリー監督、一九七八年）、『ベルリン・天使の詩』（ヴィム・ヴェンダース監督、一九八七年）、『マイケル』（ノーラ・エフロン監督、一九九六年）辺りが思い出される。みんな映画ではあるけれど、わたしはこういう映画を通して「天使」というものを発明した西洋文化を知った。ものの本によると、「（西洋では）神が死んで恋愛が登場した」とあり、そう考えると天使と恋愛は相性がとてもいいものだと思う。とは言え、正攻法で「天使」をきちんと考えようとすると、「キリスト教」のことをよく知らなければならなくなるけれど、ここでは、キリスト教文化圏における天使の役割というような領域には踏み入らないつもりだ。あくまで、上記のように「見る人」の代表として天使を選んでいる。だから、わたしたちが扱っている「天使」というのは、広い意味において「人間」に対する「超越者」の視線を持った存在と考えてもらえばよいのではないか。

そんな前提を持った上での話だが、この『男たちよ懺悔しなさい〜ぐち』と題された芝居は、基本的に「一人の不幸な女（さゆり）の物語」であると同時に「天使の物語」である。天使A（アイコ）と天使B（タカネ）がともに行動して、天使Aの行動に触発されて今まで厭世《えんせい》的だった天使Bが世界との関わり方を少しだけ変えるという物語である。これが本作を貫いている芯《しん》である。天使Bが何をきっかけに変化するかはいろいろな作り方が可能であると思うけれど、やはり、天使Aと世界との関わり方に大きな興味を持つということだと思う。それを何と呼ぶのかは難しいけれど、たぶん天使Bは天使Aのことを「好き」になるのだと思う。

最終場面は、満点の星が見えるか、天使の羽を舞台に降らせたいと思っている。これは前者は希望の、後者は愛の象徴として。

２００６年11月20日

『男たちよ懺悔しなさい〜ぐち』が描くもの

この芝居は何を描いているのか

稽古も終盤に差し掛かり、この芝居は何を描いているのかを共有したいので、この文章を書く。

さゆりと煮え切らない男たちの恋愛劇？　さゆりと女たちの友情を描くコメディ？――当初はそんなことを考えていた。けれど、この芝居はもっと奥行きがあるように思うようになった。

この芝居は、「関わること」をめぐるドラマである。それは「人と人」との関わりであるし、「天使と人間」の関わりであるし、「天使と天使」の関わりである。関わること――一人きりではないということ。孤独ではないということ。自分以外の人間に関心を持つこと。傷ついても誰かと関わろうとすること。そういう意味では、「恋愛」というのは、人が人と関わる時の魔法の接着剤のようなものか。

登場人物の「松平のぶえ」のサークルに掲げられる「どうせ死ぬんだし」という文章が、例えば次のようになっているとする。

どうせ死ぬんだし
だからこそ

人はせいいっぱい生きろ
どうせ死ぬんだし
だからこそ
人は人を愛せ
どうせ……

ＩＫＫＡＮさんが創作してくれた「どうせ死ぬんだし」というこのフザケたサークル名は、その意味でこの芝居を象徴できるような気がする。この劇に出てくる人はみんな「後ろ向き」ではなくて「前向き」にこのコトバをとらえるのだ。

この芝居に出てくる人は、天使を含めて、みんな誰かと「関わろう」とする人たちである。さゆりは男たちと、伊勢谷は辻本や同級生のルームメイトと、浜子は年若いアモに励まされて男性と、沢渡は松平と、松平は沢渡や朗読サークルのメンバーと、油はさゆりと、カーくんもさゆりと、辻本はさゆりと、ミノルとサトシはアモと、三橋とフジはアモと、ほっさんはカーくんと、五百蔵はさゆりと、アイコは人間たちと、タカネはアイコと——みんな「関わろう」とする人たちなのだ。

『わが町』と『男たちよ懺悔しなさい〜ぐち』

翻《ひるがえ》って、この芝居が感動的になるものだとしたら、この芝居に登場する人たちのいろんな「関わり方」が半端なものではないということであると思う。その関わり方がみんな一生懸命であればいい。「せいいっぱい」であればいい。肯定的《ポジティブ》であればいい。のぶえの文章を考えていた時、ふと思い出したのは、ソーントン・ワイルダーの書いた戯曲『わが町』だった。この戯曲は、とある架空の町を舞台にいろんな普通の人たちが長い時の流れのなかで点描される物語で、わたしは傑作だと思っているのだが、この芝居には「舞台監督《ステージ・マネージャー》」と呼ばれる超越的な視点を持った人物が登場する。この人物は、人間たちを超越的な視点で眺めている人で、劇のなかでたぶんワイルダー自身の代弁者の役割を果たしている。

劇の最後にすでに死んだ「エミリー」という女と超越者の「舞台監督」はこんなやり取りをかわす。

エミリー――生きているうちに、いのちのすばらしさを、その一分、一秒を、みとめた人間って
――誰かいたのかしら?

舞台監督――ないね。

『わが町』(劇書房)より

このやり取りに当たるのが、本作の天使とさゆりの場面（さゆりの蘇生）のような気がする。

そして、『わが町』の「舞台監督」と同じポジションにいるのが、この芝居における「天使」なのだ、きっと。

そういう意味では、この芝居は「祖師谷大蔵」を舞台にした『わが町』であるという言い方はできるかもしれない。もちろん、人間の一生を扱う『わが町』とささやかな時間を扱う『男たちよ～』は、作品のスケールが全然ちがうとは思う。そんな大袈裟なことを言うと、この芝居のこじんまりとした持ち味がなくなってしまうのかもしれない。けれど、ささやかだけれど、素敵なわたしたちの『わが町』ができたら……。そんな風な高みに達することができたら、この芝居は、「七人の作家の書いたリレーション（オムニバス）ドラマ」というスケールを越えるとわたしは思う。

２００６年12月15日

フジテレビジョン

『MIKOSHI〜美しい故郷へ〜』

2007年2月8日〜12日　作／樫田正剛　演出／高橋いさを　東京グローブ座

『MIKOSHI』の顔合わせに

『MIKOSHI〜美しい故郷へ〜』はどういう物語か

演出の高橋です。わたしは比較的、几帳面な男で、何を考えているかをこういうノートにして配るくせがあります。『MIKOSHI〜美しい故郷へ〜』の顔合わせの日に、この芝居に関してわたしが考えていることを書き連ねます。まあ、一種の演出プランだと考えてくださいませ。

この芝居は、大和田祥太の物語である。この年若い青年が悩み、躊躇し、そして決断する物語である。そう考えると、これは市長選を舞台にした一種の『ハムレット』であるとも言えると思う。ハムレットが父親を殺害したであろう叔父への復讐を戸惑いながらも決意するように、祥太も不正を前に戸惑いながらも最終的には市長選に（どんでん返しの末に）出馬することを決める。

有名な「生きるべきか、死すべきか、それが問題だ」という台詞になぞらえて言えば、「出馬すべきか、せざるべきか、それが問題だ」という物語。

舞台になるのは北海道のとある地方都市の選挙事務所。描かれるのは市長選の裏側。わたしには馴染みの薄い世界ではあるが、ここには、どんな世界にもあり得るだろうさまざまなドラマが詰まっていると思う。愛、裏切り、対立、陰謀、葛藤……。

また、不正というものは、どんな世界にもあり、それを目の当たりにした時の人の対応もさまざまだろう。当初は不正に憤りを感じた青年も、いつしか大人になって、その不正が当たり前のことになってしまうのが世の常なのかもしれない（それを体現するのが長谷川というキャラクターであると思う）。しかし、祥太は「市長選挙出馬辞退」「不祥事の報道の許可」という形で不正に臨む。それが多くの人々の安楽な生活を脅かす結果になろうとも。その決断を「青臭い」と言ってしまえばそれまでの話しだが、少なくとも青年には「青臭さ」がよく似合う。わたしは何とか祥太を応援したい。青臭かろうが、子供っぽかろうが、不正を糾《ただ》すのには、汚れていない理想を持つ勇気ある若者の情熱が必要なのだ。問題はその情熱の大きさだと思う。そんな祥太の決断の原動力になるのが副題になっている「故郷の美しさ」であればいいと思う。そして、その「故郷の美しさ」が「奈津子」という祥太の初恋の女との美しい思い出に重なっていればいいとわたしは思う。

タイトルになっている「MIKOSHI」は、正しくは「御輿」あるいは「神輿」と書く。国語辞典にはこう載っている。

「御輿《みこし》（神輿）」①こしの敬称。②神霊を奉安したこし。

「輿《こし》」昔の乗り物の名。二本の長い柄の上に屋根を設け、かつぐかさげるかして運ぶ。

言うまでもなく、このタイトルは市長選に担ぎ出される祥太を象徴的に言い表している。担ぐのは、池内ら参謀をはじめ、町の人々、家族たちである。そんな神輿を担ぐ人々を象徴する音として、ト書きにある「わっしょいわっしょい」という掛け声と激しく打ち鳴らされる和太鼓の音はあると考える。

雪の降る舞台

舞台はプレハブの選挙事務所である。色気も何とも世俗的で殺風景な場所。けれど、そんな事務所を囲んで、舞台奥は美しい雪景色である。「冬景色のなかの選挙事務所」……。地面に降り積もった雪は、人々の足跡や除雪作業によって黒く汚れているけれど、今まさに降る雪は、何の汚れもない水の結晶体で、清新そのものである。

実際に雪を降らせようと考えているが、そんな「白い雪」をこの芝居の視覚的なシンボルとして扱いたい。それはまだ汚れていない純粋な祥太のこころの象徴であると同時に、雪の降りようで、祥太をはじめとする町の人々の心模様を視覚的にシンボライズしたいというのが演出の狙いである。また、その雪の美しさに、ヒロインの奈津子の美しさを重ねてもみたい。

激しく降る雪、嵐のように舞い踊る粉雪。切々と降る雪。深々《しんしん》と降る雪……。人物たちの心模様とシンクロするように雪は降る。スタッフのみなさんの創意に期待するゆえんである。

翻《ひるがえ》って、「演劇公演もひとつの選挙である」――という見立てはできると思う。主演に担ぎ出されたのが田中くんであり、選挙参謀である池内に当たるのはプロデューサーの池田知樹《いけだともき》さんか。ならばわたしは、樫田正剛さんの書いてくれた脚本を元に、ペンならぬ「ビジュアル」を武器とする長谷川として田中幸太朗《たなかこうたろう》くんを最高にカッコよく見せることに専念しよう。選挙と演劇は全然ちがうものではあるけれど、「人間のやることにそんなに大きな違いはないのだ！」と開き直って、この芝居を演出しよう。そして、それがキチンと見立てられたら、この芝居は遠い世界の話しではなくて、「わたしたちの物語」になるはずだから。

願わくば、この選挙戦がこの選挙を応援するために劇場に集まってくれるお客様＝市民たちに大きな喜びをもたらす実りの多い選挙になりますように。

2007年1月9日

『MIKOSHI』が描くもの

葛藤と決断の物語

いきなり奇妙なことを言うようだれど、「劇」という字は「虎《とら》」と「猪《いのしし》」が「剣」で闘っている――という意味を持つ表意文字だ。とすれば、演劇（ドラマ）は、常に何かと何かの闘いが描かれるものだ。それが並ではなく、とても激しいから「劇」という言葉が生まれたのではないか。

では、この劇における「虎」と「猪」は何かと考えてみた。それは、きっと大和田祥太という青年の心のなかにある「正しいこと」と「正しくないこと」をめぐる闘いなのだ。別の言葉を使えば、葛藤である。葛藤――そして、決断。これこそ劇の王道であると思う。顔合わせに配ったノートにこう書いた。

「この芝居は、大和田祥太の物語である。この年若い青年が悩み、躊躇し、そして決断する物語である。そう考えると、これは市長選を舞台にした一種の『ハムレット』であるとも言えると思う」

祥太の悩みは深ければ深いほどよく、躊躇は大きければ大きいほどいい。深く大きいから劇（ドラマ）なのだ。その葛藤が大きければ大きいほど決断した時の観客の感動は大きいはずだ。だから、祥太の周りの人々は、祥太をそういうギリギリの場所に追い込む存在でありたい。どうすれば、祥太をギリギリの断崖絶壁に追い込むことができるのか？　それが「トーク・バトル」（議論）と書かれた部分に集約されていると考える。祥太の感情の振幅の大きさ。観客に「祥太はどっちを取る（選ぶ）か」と思わせるスリル。

祥太と祥太を囲む人々の間でその力学がキチンと体現できたら、この芝居は、くっきりとした輪郭を持つ最高にドラマチックなものになると思う。

仮面と生地～仮面が剥がれる瞬間

『十二人の怒れる男』（シドニー・ルメット監督、一九五七年）は、わたしの最も愛する映画（芝居）のひとつである。十八歳の少年の父親殺害事件をめぐって十二人の陪審員たちの評議と評決を描いたディスカッション・ドラマである。この映画の最高の役は、有罪票を無罪票に逆転させていく理性の陪審員八号（ヘンリー・フォンダ）ではなく、リー・J・コッブ演じる感情の陪審員三号であると思う（嶋崎伸夫《しまさきのぶお》さんが演じたらいいだろうなあ）。この男は、宅配便の会社を経営している五十がらみの粗暴な男なのだが、当初、余裕で八号を追い詰める。しかし、有罪から無罪へ人々の票が逆転した後、最後まで有罪を主張する。そして、最後の最後に「無罪……」と泣き崩れる。ここで、彼の主張の根拠は、自分の息子との確執が根本にあったことが明らかになる。別の言い方をすると、三号は激しい議論の果てに「仮面が剥がれて生地《きじ》が出る」ということだ。『ＭＩＫＯＳＨＩ』をこの作品に引き付けて言えば、人々は最終的に「仮面が剥がれて生地が出る」と面白いのだと思う。

当初はわたしは余り意識的でなかったけれど、前半（三場、四場）と後半（六場）は、人物たちに明快に変化が出るといい。下っぱのやくざが自分の兄貴分に「てめえ、たいがいにしろッ」とキレる（豹変）する瞬間のスリル。仮面から生地へ。その生地（樫田さんの言葉で言うと「裏の顔」）は、醜いものかもしれない。決して美しいものではないかもしれない。結局、個人のエゴなのだから。けれど、その生地がリアルに表現できたら、この芝居は息を飲む迫力を持つと思う。観客はドキドキすると思う。そのぶつかり合いの激しさ。

大木の意味するもの

口頭では言ったけれど、事務所の背景にある大きな木は、祥太の父「大和田貞夫」の象徴である。祥太は「政治家は大きな木のようであれ」と語った貞夫のことを覚えている。大きく、暖かく、曲がらずに伸びていくイメージ。風雪に耐え、天に向かって屹立するイメージ。この垂直方向の絵は、水平方向の事務所の絵と明快なコントラストを形作る。さらに言うと、世俗的で生臭い現世を超越的に眺めている神の象徴である。

昨年の年末に、東京グローブ座に下見に行った時、「この劇場は上を見上げて『神よ！』というような台詞が似合う小屋だなあ」という感想を持ち、「選挙事務所」を主な舞台とする今回の芝居のビシュアルがいまひとつ空間に対抗しにくいと思ったけれど、神の象徴である大木があることによって、この劇は、「本多劇場」でも「ル・テアトル銀座」でもなく「グローブ（地球）座」である必然性を持てたとわたしは思う。

この大木が見守るなかで、血こそ流れないものの、愛と裏切りと陰謀と対立と葛藤のドラマは展開するのだ。

いよいよ本番一週間前。体調に気を遣って頑張りましょう。熱く激しい葛藤と決断のドラマを見せてください。

2007年2月1日

キョードー東京『LUV～ラヴ』

作／マレー・シスガル　台本／ジェフリー・スウィート　上演台本・演出／高橋いさを　ルテアトル銀座

2007年5月10日～20日

『LUV～ラヴ』の顔合わせに

『LUV～ラヴ』の物語

はじめまして、高橋です。わたしは比較的、几帳面なところがあり、考えていることをこういうノートにして配るクセがある。だから、この芝居について、どんなことを考えているかを書く。まず、初めにお断りしておくと、わたしはミュージカルの演出は初体験である。だから、いろいろトンチンカンなことを言うかもしれないが、ご容赦ください。けれど、「ミュージカル」という風に大上段に振りかざすのではなく、「歌のある芝居」というように考えて、この芝居の演出をしたいと思っている。

上演台本はすでに手元にあると思うが、プロデューサーのオーダーは、少々古い原作（一九六三年）なので「より現代的に」というものだった。ゆえに、わたしになりに台詞に手を入れたけれど、筋は原作通りである。因みに原作者のマレー・シスガルは、わたしにとっては女装コメディ『トッツィー』（ダスティン・ホフマン主演、一九八二年）の脚本家として名前を覚えた人だ。物語は以下のようなもの。

第一幕。舞台は川辺のとある橋の上。人生に絶望して、これから橋の上から身を投げて自殺しようとしているハリーの元に大学の同級生のミルトがやって来る。仕事で成功して一見、幸せそうに見えるミルトだが、リンダという若い女に熱を上げていて、妻のエレンと別れたがっている。ミルトは「エレンと仲良くなってくれ」とハリーに頼む。しぶしぶだったが、またたく間に恋に落ちたハリーとエレンは愛のすばらしさを謳う。

★

第二幕。舞台は同じ橋の上。一年後。エレンはミルトと再会する。ミルトは結婚生活にうんざりしていて、エレンと再びやり直したいと思っている。そこへハリーがやって来る。エレンとミルトは、ハリーを橋から落として亡き者にしようと企てるが、失敗。エレンはミルトとの再出発を決意し、ハリーを残してその場を去る。そして、三人は、それでも愛の賛歌を歌う。

愛に振り回される人々

コメディはコメディにちがいないのだろうけれど、描きようによれば、邪魔になった夫を殺害しようとする悪女を主人公としたスリラー（例えば『郵便配達は二度ベルを鳴らす』のような）にもなるような題材である。それをコメディとして、しかもミュージカルとして描いた点に本作の独創性があると言えるか。

この芝居は何を描いているのだろう？　言うまでもなく「愛」である。本来「LOVE」と表記すべきところを「LUV」としてあるのは、原作の「作者インタビュー」（『ラブ　LUV』マレー・シスガル戯曲集、劇書房、一九八二年）によればこういうことだ。

「愛《ラヴ》という感情が今日ではあまりに歪曲されて乱用されてしまったので、実際のわれわれの経験や思考や行動に近いものは別の言葉を使わなければもはや定義できなくなったということです」

なるほど、と思う。しかし、まあ、それはそれとして、「愛」は今でも多くの歌や芝居や小説で描かれる最もポピュラーな人間の感情のひとつだと思う。そして、この芝居で描かれているのは、「愛に振り回される人々」であるとわたしは思う。もう少し正確に言うと、「〝愛〟という言葉に振り回される人々」である、と。

「愛してる」――この言葉を、登場人物たちは何度も何度も繰り返す。たぶんその言葉は、現代人のひとつの「神への呪文」のような言葉なのだと思う。実にすばらしく、けれど実に頼りにならない言葉。言ってないと自分の人生が空虚に思える不思議な言葉。そんな〝愛〟なる怪物に振り回される現代人の右往左往を描いたコメディとして『LUV～ラヴ』をとらえるとスッキリする。わたしは「愛してる」などという言葉は滅多に(!)発しない無粋な男であるが、ここで描かれていることが遠い世界の話だとは全然思わない。なぜなら、ミルトもハリーもエレンもみんなわたしのなかにもいるから。わたしも愛に迷う現代の子羊の一人に他ならない。ここにこの芝居の現代性、あるいは普遍性があると考える。

そんな子羊たちの右往左往の場として作者が選んだのは、「橋のかかる川辺のベンチ」である。古今東西、男と女が「愛を囁《ささや》く場所」として最も相応しい場所のひとつ。川=水は人間を絶命させる「死」の象徴にもなるし、(洗礼して)生まれ変わる「生」の象徴にもなる。あるいは、男と女の間に横たわる「隔たり」の象徴。そして、それを繋ぐ橋は、両者を繋ぐ「愛」の象徴。ベンチは、男女が激しい愛のバトルを繰り広げる戦いの舞台=「リング」なのだ。そう考えると、このさり気ない舞台設定は、とても深い意味を持つような気がする。

楽しい――これがミュージカルの基本。そんなことを考えながらも、笑える楽しい舞台を作りたい。

2007年4月9日

「愛」の象徴としての橋～『LUV～ラヴ』の世界

「I LOVE YOU」の翻訳

アメリカ映画を見ていると、「LOVE」という言葉がよく発せられる。その言葉は字幕で「愛」と訳されていることもあるが、「恋」と訳されている場合もある。「I LOVE YOU」は「愛してる」だが、「FALL IN LOVE」は「恋に落ちて」だ。英語では「愛」も「恋」も全部いっしょに「LOVE」なのだ。けれど、日本語の「愛」と「恋」はニュアンスが微妙に違う。「恋」は主に男女関係において使われ、「愛」はもう少し広い意味において、いろんな人間関係において使われる。どちらにせよ、「愛」も「恋」も近代的な言葉だと思う。

この芝居では、もっぱら「愛」を多用しているが、どちらかと言うと「恋」と言った方が適切な部分もあるように思う。

わたしは、外国の翻訳劇を「ケッ」と吐き捨てるほど毛嫌いするほどの日本男児ではないが、「I LOVE YOU」という台詞をかつての日本人は「愛してる」とは訳さずに、このように訳したと知り、その独特の奥ゆかしさに膝を叩いた。

「月がとっても蒼《あお》いから」――そう訳したのだ。夏目漱石の翻訳であるという。

つまり、向かい合う男と女が相手に直接、自分の思い「I LOVE YOU」という直接的な言葉で告白するのではなく、「月」(=自然物)というクッションをひとつ挟んで、相手に自分の思いを間接的に伝える文化をかつてのわたしたちは持っていたのだ。

だから、この芝居を日本人的な視点に寄り掛かって描くとなると、「月」が出てきても全然おかしくないのかもしれないとも思う。まあ、本作『LUV』は「慎三郎」と「眞知子」と「大作」の話ではなく、「ミルト」と「エレン」と「ハリー」の物語なのだから、中途半端に日本色に染め直す必要はないと思うけれど、アメリカにも月は出るにはちがいない。

この芝居の内容をいかにビジュアルに置き換えるか

そんな子羊たちの右往左往の場として作者が選んだのは、「橋のかかる川辺のベンチ」である。古今東西、男と女が「愛を囁《ささや》く場所」として最も相応しい場所のひとつ。川=水は人間を絶命させる「死」の象徴にもなるし、(洗礼して)生まれ変わる「生」の象徴にもなる。あるいは、男と女の間に横たわる「隔たり」の象徴。そして、それを繋ぐ橋は、両者を繋ぐ「愛」の象徴。ベンチは、男女が激しい愛のバトルを繰り広げる戦いの舞台=「リング」なのだ。そう考えると、このさり気ない舞台設定は、とても深い意味を持つような気がする。

と前のノートに書いた。これをもう少し補足して説明する。

メインは「橋」である。「愛」の象徴である「橋」が舞台のド真ん中にドーンとある。男と女＝人間を隔てる川を繋ぐもの＝愛。エレンの言葉を借りれば「あたしという謎とあなたという謎が存在して、その間を結び合わせているすべてを超越する神秘を表す言葉――それが愛なのよ」納得できる台詞だ。

「男と女の間には深くて暗い川がある」という歌があったけれど（「黒の舟歌」）、川は、男女の間に横たわる「隔たり」の象徴である。だから、最も象徴的にこの芝居を絵にすると、「川に架かる橋の両脇に立つ男女が、じょじょに近付いて手を取り合い抱き合う」という絵だと思う。

「隔たり」というものは、日本人だけにあるのではなく、アメリカ人にもあるし、どんな国の人たちにも隔たりはあるはずだ。だから、川がもし、人間の「隔たり」（distance＝距離）の象徴になり得たら、この芝居はどんな国の人が見ても理解できるものになると思う。

しかし、少なくとも、この芝居の登場人物は愛に絶望している人たちではない。失敗を繰り返しながらも、なお前向きに他人と向き合おうとする。川を越えようとする。橋を渡ろうとする。隔たりを縮めようとする。だから、多分に皮肉に彩られているものの、この芝居が描いているのは、まぎれもなく「愛の賛歌」だと考える。ゆえに台本のト書きで「（橋が）美しくライト・アップされる」と書いた部分は、文字通り、美しい橋であるべきだと考える。美しい橋＝美しい愛というイメージ。だからラスト・シーンは「美しい橋の前（上）の三人」＝「愛することをあきらめない人々」というイメージでよいと思う。

そして、「バンド」（演奏者たち）は船に乗っていて、真ん中にある。なぜなら、バンド＝船＝音楽＝人と人を繋ぐものは、「橋」とイコールの関係にあるべきだと考えるからである。男と女の間に川があり、その川の上にバンド（音楽）がいる。そういう意味付けの上なら、バンドマンたちは、単なる「楽器演奏者」という役割を超えて、二人の男女を結び付ける「愛のキューピッド」あるいは、「愛の応援者」のような存在に見立てることができると思う。

2007年4月9日

『LUV～ラヴ』はいかに演じられるべきか

『動物園物語』と『ラヴ』

幸運にもアドバイザーの笹部博司《ささべひろし》さんの話を聞いて思ったことを書く。

マレー・シスガルの書いたストレート・プレイ『ラヴ』が、エドワード・オールビーの『動物園物語』（一九五八年初演）を強く意識して書かれ、そのパロディ（もじり）として作られたという意見は「なるほど」と思った。ありそうなことだからである。実験的でシリアスな『動物園物語』を尊敬《リスペクト》しながらも、それに対抗して、同じ内容を笑えるエンターテインメントとして観客に提示しようとする試み。オールビーとは違うマレー・シスガルにとっての「あるべき演劇」の提示。こういうことは日本でもよくある。わたしが知っている例を挙げると、別役実の『象』（一九六二年初演）のパロディとしてつかこうへいが『初級革命講座飛龍伝』（一九七三年初演）を書いたようなものか。

そういう文脈において、たぶん、ミュージカル『LUV～ラヴ』の作者であるジェフリー・スウィートは、シスガルの発想をさらに進化させて、ある意味でとてもシリアスな内容の（コミュニケーションの断絶と愛の不毛）を歌芝居という形で描き直すということだったにちがいない。エンターテインメントとしての『LUV～ラヴ』の追求。

喜劇の演技

「喜劇（コメディ）の鉄則は真剣に演じることだ」という考えに変わりはない。すぐれた喜劇はそのように演じられるべきものだと思うからだ。それは、『お熱いのがお好き』も『トッツィー』も同じだ。そんな発想のもと、わたしたちはハリーを真面目に（？）演じてみるという方向で通し稽古を試してみた。それはそれで会話のリアリティを獲得する上では発見がある試みだったと思う。

けれど、喜劇の芝居には、喜劇の芝居に合った演技というものがあるのも事実。なぜなら、喜劇はリアリズムの演技をベースとしながらも、それを増幅させて（わたしの言葉で言うと「デフォルメ」して）演じていいと考えるからだ。つまり、ヴォードビル（喜劇的）的な精神の必要。

わたしが昨日の通し稽古を「活気に欠ける」と評したのは、そういうことである。この芝居は、一〇〇人の観客を相手に小劇場で演じられるストレート・プレイではなく、八〇〇人相手に演じられる音楽付きのショーなのだ。

そもそも、この劇はリアリズムで書かれていないと思う。こういう言い方は誤解を招きやすいけれど、少なくとも、多分に「漫画的」な要素がある。ハリーが「愛」という言葉を言われたとたんに元気になるとか、エレンが現実的ではない大きなグラフを持っているとか、川に落ちた人間がちゃんと戻って来るとか、そういう場面は、みな作者の「喜劇的想像力」の産物だと思う。

であるなら、我々も、この喜劇を、そういう「喜劇的想像力」を使って演じていいと思う。つまり、演技のデフォルメである。デフォルメと大袈裟は違う。デフォルメとは、日本語にすると「強くする」「強調する」ということである。

翻《ひるがえ》って、芝居をエンターテインメントにするということは、あるリアリズムを犠牲にしないと成り立たないものだとも思う。

心のリアリズム

もうひとつ笹部さんの言った言葉で印象的なのは「こころのリアリズム」である。わたしは生真面目なところがあり、役の背景をきんと作ってみなさんに渡したりもした。また、「役のインタビュー」と称して、ねほりはほりいろいろな質問もした。これはこれで意味のあることだと思うし、無駄な作業ではないと思うが、最終的に問題になるのは、役のリアリズム（例えば、エレンの両親は離婚している）ではなく、舞台上の登場人物たちのやり取りのリアルさである。それはどんな芝居でも同じだと思う。観客は、その日、その瞬間「エレン」と「ミルト」と「ハリー」ではなく、「安寿《あんじゅ》ミラ」と「貴水博之《たかみひろゆき》」と「森山開次《もりやまかいじ》」の心のリアリズムを見たいのだ。わたしもそうである。「面白い芝居はほとんど即興劇を見る感覚に近い」というようなことを言ったけれど、それを実現するために数多くのリハーサル（稽古）を積むとも言える。

とにかく、この芝居のテキストを楽しんで演じること。楽しむにはどうしたらいいかを考えること。一番大きな驚きを得られるやり方を、一番相手が傷付くやり方を、一番相手が苦しいやり方を、つまり相手と自分の心が一番動く方法を考え、実行すること。歌や振りが入り、余裕ができてきたこれからの通し稽古は、そのようなアプローチをしてほしいと思う。

この芝居は、人間のわがままさや意地悪さや情けなさや残酷さをエンターテインメント・ショーにしている芝居である。それを不快にではなくチャーミングに見せることができたら最高である。とは言え、この芝居は最終的に「愛の賛歌」にしたいというわたしの根本の考えは揺るがないけれど。本番まであとわずか。健康に気をつけてがんばりましょう。

2007年4月30日

日本大学芸術学部演劇学科舞台総合実習 『淑女《レディ》のお作法』

2007年8月10日〜11日 演劇学科所沢実習室

バーナード・ショー作『ピグマリオン』より 作・演出／高橋いさを

『淑女《レディ》のお作法』について

作品成立の過程

今年、劇作コースの総合実習参加者に出した課題は「バーナード・ショー作『ピグマリオン』を翻案せよ」というものだった。経緯を簡単に記すと、三月から毎週一回、参加する劇作コースの人たちと脚本会議を行ない、いろいろなアイデアを出し合った。合計四回ばかりの会議の後、それぞれに執筆を始めてもらい四月の末日締切りでわたしの手元に集まった台本は以下の六本。

○『東京ピグマリオン』（望月綾乃／作）銀座のクラブを舞台にホステスをやることになる女の子を主人公にしたもの。（未完）

○『TOP OF THE WORLD』（市川友之／作）回想形式で描かれる伝説の女性歌手の物語。
○『東京ピグマリオン』（山崎洋平／作）合コンをすることになった三人の男子高校生と彼らにアドバイスする女たちを主人公にしたもの。
○『セカラシカ』（田中征爾／作）恋人を故郷の九州に連れ帰り、両親に紹介する女の子の奮闘記。
○『東京ピグマリオン～人形に恋した男』（小林光／作）ダメな女を美しくすることのプロを主人公としたもの。（未完）
○『マヌカン。』（池田野歩／作）一九八〇年代のハウスマヌカンの世界を舞台にして、ファッション業界を描くもの。
最終的に望月さんと池田くんの作品に絞り、これらを元に作品を作ろうと努力はしたが、結局うまくいかず、本作は基本的にわたしが書いた。まあ、学生の書いたものをベースにできなかったのは、わたしの力量不足という側面もあるかもしれないが、「上演台本」にならない作品をテキストとして取り上げることは、演出も兼ねるわたしには不本意極まりないことなので、こういうことになった。劇作コースのみんな、すまん。

置き換えはいかに行なわれたか

○イライザ・ドゥーリトル（花売り娘）↓吉田ともみ（不良の高校生）
○ヘンリー・ヒギンズ（言語研究家）↓坂東吾郎（大学生）
○ピッカリング大佐（言語研究家）↓いない。
○アルフレッド・ドゥーリトル（イライザの父親）↓佐織、ゆか（不良の高校生）
○ピアス夫人（家政婦）↓東ゆり子（マナー・アドバイザー）
○フレディ（若い紳士）↓中田（オカマ）らマナー教室の人々
○ヒギンズ夫人（ヒギンズの母親）↓坂東典子（吾郎の母親）
○クララ（若いレディ）↓小笠原みほ（清楚な高校生）
○エインスフォード・ヒル夫人（貴婦人）↓マナー教室の人々

まあ、少々こじつけもあるが、こういうことである。どちらにせよ、『ピグマリオン』の翻案としては、まあ、うまくいっているのではないかと思う。こんな物語だ。

大学生の坂東吾郎は、ある雨の日、不良の女子高校生・吉田ともみと出会う。吾郎の望みで、「マナーを身につけた立派なレディ」になることを引き受けたともみは、吾郎の母親の典子の経営する「マナー学院」でマナーと女性の美しさを学ぶことに。しかし、元来、乱暴な世界に生きるともみにはまるで場違いの場所。悪態をついて学院を飛び出すともみだったが、悪友の佐織のトラブルを解決するために、また吾郎への密かな思いゆえに、学院主催のマナー・コンクールに出ることになる。

果たして、ともみは見事、栄冠を勝ち取ることができるのか？

本作が描くもの

『淑女《レディ》のお作法』は、若い男女のロマンスを盛り込んだコメディである。まったく違う世界に突然、放り込まれた不良の女子高校生の冒険物語でもある。同時に、当初は粗暴だけだったともみが、さまざまな人々と触れ合い、女として、また人間として成長する物語である。そんな彼女の成長の姿を笑いにくるんで楽しく描きたいというのがわたしの狙いである。

台本のト書きにあるように、舞台はさまざまな場面になるので、それらの場面をスムーズに展開するのに効果的な抽象的なセットがほしい。けれど、視覚的な狙いとしては、「マネキン」（＝美の女神たち）をいかに造型するかがポイントになると思う。わたしのイメージでは、実習室のギャラリーにいくつもの「マネキン」を飾りたいと思っているのだが……。

また、今回、大変なのは、衣装の担当者だと思う。基本的に佐織とゆかと瀬戸川と片桐以外の人々は、盛装を含めた衣装が二点以上必要になるからである。また、クライマックスで描かれる「社交ダンス」を指導してくれる人は学生にいるのだろうか？

2007年6月5日

『淑女《レディ》のお作法』の舞台美術について

具体ではなく抽象の舞台装置

台本の冒頭のト書きに「この劇は特定の場所に限定されて展開しないので、いろんな場面を構成する上で有効な舞台装置が望ましい」とある。

確かに本作は、特定の場所だけが舞台になっている芝居ではない。場面は全十七景で成り立つ。

場面	場所
プロローグ	講演会会場
1　僕が好きになった彼女	カラオケ・ボックスと雨の軒下
2　マナー教室	学院のマナー教室（椅子が必要）

3	吾郎の思い	典子の家（椅子が必要）
4	ゆり子に相談	マナー学院の屋上
5	訓練①	学院のマナー教室（椅子が必要）
6	佐織の秘密	繁華街の裏道
7	恋の三角関係	河川付近
8	訓練②	学院のマナー教室（椅子が必要）
9	典子に会う	典子の家（椅子が必要）
10	ともみと吾郎	海の近くの公園
11	ドレスの戦士	夜の高速道路下
12	マナー・コンクール	マナー学院の講堂（舞台、客席ほか）
13	交渉	マナー学院の教室
14	最後のダンス	マナー学院の講堂（舞台）
15	母と息子	マナー学院の講堂（客席）
	エピローグ	カラオケ・ボックス

この十七景をスマートに転換できる舞台装置であること。すなわち、具体ではなくて抽象の舞

台が必要だということになる。では、どんなモチーフでこの抽象の舞台を作るか？

美の女神（マネキン）の見下ろすダンス・ホールという象徴

わたしの演出は常に、その芝居の象徴を考えるところからスタートする。三年前にほとんど同じ方法で作った『プール・サイド・ストーリー』（高橋卓郎と共作）の象徴は、「プール」と「水」（音）と「青い空」だった。イメージ・カラーはブルー。そのブルーという色彩がプールで躍動する（シンクロナイズド・スイミングをする）若者たちの清新さと重なればいいと思ったからだ。では、今回は？

『淑女《レディ》のお作法』の主人公の吉田ともみが「やって来る世界」の象徴は何だ？　マナーの世界。礼儀正しい世界。女らしい世界……。広い意味において、「美の象徴」がそこにあればいいのだ。ということは、台本に指定のある「マネキンたち」というのがその象徴になるはずだ。マネキン＝女性美の象徴＝美の女神たちという図式。だから、マネキンは必ずしも既製服（？）を身に付けている必要はないのかもしれない。ただ、美しい衣装を身にまとってさえいれば……。

そんなマネキンをこの劇の象徴として扱いながらも、現実的な場面が演じられる舞台＝アクティング・エリアは、どのようなものがいいのだろう？　あるいは、どのようなモチーフを元に舞台を造型すればいいのだろう？

主な舞台が「マナー学院」ということを鑑みると、「学校」を思わせる装置があってもおかしくないのだが、これだと地味な感じはするし、舞台造型として面白くない気がする。他にいいモチーフはないか？

クライマックスは、吾郎とともみのダンス（十四場）であると考えると、「ダンス・ホール」というのは、ひとつのモチーフにはなるか。映画『Ｓｈａｌｌ　ｗｅ　ダンス？』（周防正行監督、一九九六年）のクライマックスで使われたような空間のイメージ。「ダンス・ホール」をモチーフに作られた舞台装置のなかで、すべての場面は演じられるという趣向。木張りの大きなダンス・フロアがあり、そのフロアを取り囲むようにギャラリー席があり、ホールの真ん中の天井にミラー・ボールがあったと思う。イメージ・カラーは黒か？　あるいは別の色か？

「美の女神（＝マネキン）が見下ろすダンス・ホール」——これが演出の考える舞台造型のモチーフである。けれど、だだっ広いホールだけだとそれぞれの場面を構成しにくいとも思うので、例えば「柱」を象徴的に立てたらどうだろう？　ちょっと神殿ぽい感じの。柱の上にマネキンがしつらえられてもいいかもしれない。マネキンの見下ろす柱がいくつもあるダンス・ホール——そんなイメージで美術を考えてもらえないだろうか。もっとも、別の案があったら、どんどん進言してほしいけれど。

２００７年６月５日

サンモールスタジオ
高橋いさを二作連続上演企画

『ここだけの話』『一日だけの恋人』

2008年1月16日〜20日　作・演出／高橋いさを　新宿サンモールスタジオ

『ここだけの話』と『一日だけの恋人』

作品について

稽古を始めるに当たって、まず二つの作品についての解説めいたことを書く。両作品とも、かつて「プラチナ・ペーパーズ」が新宿のシアタートップスで定期的に上演していた『ピカレスク・ホテル』というシリーズのために書いたものである。このシリーズは、とあるホテルの一室を舞台にした男女の二人芝居という形式の芝居で、毎回、さまざまな役者を呼んで上演された。シリーズは終わったようだけれど、なかなか面白い企画だったと思う。『ここだけの話』（一九九三年）も『一日だけの恋人』（一九九三年）も演出も兼ねていた堤泰之《つつみやすゆき》さんの書いたものと二本立てで、それぞれ別の作品とのカップリングで上演された。ともにわたしが三十代の時、書いたものだ。

劇団では、いろいろな制約からとてもできない形式のものだったので、喜び勇んで書いた記憶がある。わたしは比較的、「男っぽい芝居」の書き手であるので、こういう題材は特殊な条件下でないと書かないような気がする。扱っている題材は「結婚」と「不倫」である。

ところで、わたしはかつてPARCO劇場（当時は西武劇場）で上演されていた「ショーガール」シリーズの大ファンだった。これは歌を取り入れたミュージカル形式の男女二人の芝居で、男と女にはそれぞれ細川俊之《ほそかわとしゆき》さんと木の実《きのみ》ナナさんが扮した。当時、高校生だったわたしは、テレビの劇場中継でしか見れない芝居だったけれど、東京都下の田舎町に住んでいたわたしにはひどくオシャレな芝居に見えた。都会、男と女、歌、ピアノ、ワイン——そんなコトバが似合う実にオトナの芝居だなあと思った。

十代の終わりから二十代のわたしは血気盛んな若者だったので、表面的には「男と女のオシャレな都会派喜劇？　そんな軟弱な芝居は豚に食われろ！」というような態度をとっていたかもしれないけれど、心の奥底では、そういう芝居に大きな憧れを持っていたのも確かだ。だから、こういう形式のものは、わたしの心のなかにある（すべてではないと思うけれど）「作りたい世界」の一部なのだ。

今夜は真実を

こういうと身も蓋もないかもしれないけれど、「世の中、男と女だよなあ」と思う。まあ、実際、世の中には男と女しかいないわけだから、「世の中、男と女だよなあ」と言って全然おかしくないのだけれど、二十代と三十代と四十代のつぶやく同じ台詞には、違うものがあるような気がする。

ま、どう違うか、その細かいギロンは別の機会に譲るとして、もしも「世の中、男と女だよなあ」という感慨がそれぞれの世代の真実だとするなら、この芝居の持つ世界は、わたしたちの住む世界の縮図たり得ると考える。その世界を描く器は、「家庭」ではなく「ホテル」である。「家庭」よりずっと非日常的な場所。「家庭」よりずっとパブリックな場所。しかし、そのパブリックな場所で、見知らぬ男と女が、最もプライベートなことを見せ合う場所。そう考えると、ホテルとは劇場のことだと思える。いい芝居の定義はいろいろあるだろうけれど、わたしは、劇場というのは、人間の最もプライベートなことを観客と共有する場所だと思う。

「今夜は真実を」――これは、アリエル・ドーフマン作の『死と乙女』（一九九一年）という芝居のなかで、ヒロインが自分の夫に言う台詞だ。「今夜は真実を」……そう、芝居というのはそうでなければならないとわたしは思う。

願わくば、このそれぞれの芝居にも、それぞれの登場人物の嘘偽りではない一抹の真実が宿りますように。

2007年12月12日

Wit Presents 2nd　『真夜中のファイル』

2009年4月15日〜19日
作／ジャン・ポール・アレーグル・佐山泰三・IKKAN・高橋いさを　構成・演出／高橋いさを　新宿サンモールスタジオ

『真夜中のファイル』

この企画のはじまり

この公演の企画の大元になったのは、ジャン・ポール・アレーグル氏の書いた『大食らい』という短編である。この作品ありきでこの企画はスタートした。「この作品を他の数本の作品とともにオムニバス形式で上演したい」というのが企画者のIKKANさんの要望だった。『大食らい』が本来、どんな形で上演されたものなのか、見当がつかないけれど、たぶん「七つの大罪」という枠組みのなかの一本であったのではないかと想像する。「七つの大罪」とは、キリスト教が禁じる人間の悪徳の七つ。すなわち「傲慢」「嫉妬」「憤怒」「大食」「色欲」「怠慢」

「強欲」の七つ。これらの悪徳は、もちろん我々日本人にも理解できないものではないけれど、キリスト教そのものが、あまり身近ではないので（少なくともわたしには）聞き慣れぬものだとは思う。

では、いかなる形で『大食らい』を含めた数本の作品を一本の作品として成立させるか？　それがわたしに与えられた課題だった。結果、牽強付会《けんきょうふかい》、我田引水《がでんいんすい》を承知の上で、主題は変わり、このオムニバスを貫いているのは、「七つの大罪」ではなくて、広い意味において「人間の欲望と罪」を描くというものである。その「人間の欲望と罪」の物語を罪を犯した人間が教会で神父に告白していく——という形式で全体は構成した。

全体を刺し貫くテーマ

どんなテーマが全体を貫くのか？　佐山さんは、「何もテーマがなくても観客の想像力は勝手にテーマを作ってくれる」と言ってくれたけれど、わたしは五つのダンゴ（作品）を貫くダンゴの串をほしがる方だ。それをどう提示するかが、構成・演出者の手腕の見せどころであると思っていたりするからである。

現在、考えているのは、「プロローグ」と「エピローグ」に示されているように「悪行《あくぎょう》の礼《らい》讃《さん》」である。あるいは、「反キリスト教主義」である。

こんな風に書くと、みなさん、特にクリスチャンの人々から大きな反発を食らうかもしれないけれど、わたしは、「天国の単調さより地獄の多彩さを愛する」人間である（だから芝居をやっている）。けれど、この芝居を通して観客に悪行を勧めたいとか、「キリスト教糞食らえッ」と言いたいわけでもない。では、何が言いたいか？　それは、悪行はいつの時代もあり、それは決してなくならない――という事実である。また、同時に悪行があるからこそ善行もあり、闇があるから光があるのだ――という哲学的（？）な主題がほんのりとにじみ出ればいいと思っている。闇は光を必要とし、光は闇を必要とする。

種村季弘《たねむらすえひろ》さんの『悪魔礼拝』の言葉*を台本の巻頭言として引用したのは、そういうわたしの世界観に共鳴する部分をこの言葉が持っているからに他ならない。

世界があって、神と悪魔がいて、その真ん中にいるのが「人間」というものなら、わたしはまさしく人間に他ならない。そして、「世界」とは、実は、わたしの「心」のことだと考えると、この劇は人間の心の裏側に焦点を当てたものだと考える。あるいは、『ジキル博士とハイド氏』におけるハイドの側面。

悪魔礼讃はイコール、神（＝キリスト）礼讃である。悪魔に元気がないということは、神も元気でないということだと考えると、要するにわたしは、この劇で裏返しの人間賛歌の劇を作りたいのだ。そんな離れ業が、うまくなし遂げられるかどうか……。

実のある悲劇

陰惨な物語＝悲劇は、時に人間を元気にさせる。遠い昔のギリシャ悲劇などはまさにそのような例なのではないか？　日常ではなかなか体験できない、とんでもない悲劇（例えば親の子殺し）に触れることとよって観客は精神浄化（カタルシス）を得ていたという意味において。日々、テレビのニュースなどによって我々が知る「現代の悲劇」も、見様によれば、そういう悲惨な出来事を疑似的に体験し、普通の生活を送る自分たちのとりとめのない日常を活性化し、再生させているという言い方もできると思う。

そういう意味では、わたしはこの芝居を見てくれた観客が、「すっきりした！」と思えるようなものにしたいと思う。正直言うと「この題材でどうやって観客をすっきりさせるんじゃいッ」と困っているのだけれど、わたしが目指したいのは、「実《み》のある悲劇」である。「充実した惨劇」である。「魅力的な罪人」である。わたしの内なる悪魔が見て「人間たちもなかなか頑張ってるじゃん」と評価できるような「バイタリティある殺人」である（それは、もしかしたら「悲劇」ではなく、紙一重で「喜劇」になるかもしれないが）。「他人の不幸は蜜の味」という言葉もある。人間は善行も好きだろうけれど、悪行はもっと好きなはずだ――人間の心に悪魔がいる限り。また、自分の手で犯さない限り。

2009年3月6日

＊一、神の敵対者であるサタンはキリスト教独特の神の反像である。それゆえにまた、悪魔主義もキリスト教的伝統と切っても切れない関係にある。

一、キリスト教出現以前、教会以前（おそらく以降も）の時代と空間には、悪魔主義は存在しないし、いまも存在していない。

（『悪魔礼拝』種村季弘、一九七九年）

三田村組公演　『父との夏』

２０１０年４月21日～29日　作・演出／高橋いさを　新宿サンモールスタジオ

『父との夏』について〔1〕

父と息子の物語

本日から稽古に入るに当たって、わたしが考えていることを文章にします。

わたしはいつも稽古の初日にこういうノートを作って配る人間だが、今回は初めてお付き合いする人たちばかりなので、特にこういうことは大事だと思っています。

チラシにも書いた通り、『父との夏』は自伝的な要素が強い戯曲である。作者本人が「自伝的要素が強い」などと人前で言うと、いささか羞恥心が疼くのだけれど、まあ、確かに作者の現実を元にこの戯曲は書かれている。

ところで、わたしは「現実を元に戯曲を書く」ということをしてこなかった人間である。では、何を元にしてきたかと言うと、フィクションを元にしていた。それは映画であったり、小説であったりしたのだが、とにかく自分の体験＝現実をそのまま芝居の題材にすることはほとんどなかった。それは、生の現実はわたしの考える演劇の題材にしにくかったせいもあるけれど、正直に言うと「そんなタコが自分の足を食うようなことをしてたまるか！」「現実を元にするとはすなわち想像力の敗北を意味するのだ！」「そんなはしたないことはしたくない」という思いもあった。

けれど、年齢を重ねるにつれて、生半可なフィクションだと酔えない自分に気付いたのも確か。絵空事ではない「本当のこと」をきちんと劇に盛り込みたいという思い——言うなれば、より強いアルコール度数の酒でないと酔えないアル中患者のようなものかもしれない。

この芝居のアルコール度数がどれだけ高いかはさておき、とにかくわたしは、現実を元にこの戯曲を書いた。だから、わたしにとっては今まで作ってきたものよりアルコール度数（＝真実度）は高いと思う。

ともあれ、作家がどんな現実を元に物語を書こうと、それを見るのは不特定多数のまったく違う現実を生きる観客たちである。しかし、家族というものは、どんな人も避けて通ることができない人間関係であるとしたら、わたしは、演出者として『父との夏』を個別の人間を描いて普遍たらしめる「家族」の——そして「父と息子」の物語にしたいと思う。

登場人物の実在感を保証するもの

プロデューサーでもある三田村周三《みたむらしゅうぞう》さんは、このホンを初めて読んだ時に「まったく無名の俳優を使って時間をかけて丁寧にやりたい」と言った。参加していただく出演者のみなさんを前に「無名」などとわたしが言うのはとてもおこがましいのだけれど、三田村さんの意図を想像するに、こういうことなのではないかと考えた。

フレデリック・フォーサイスの書いたベストセラー小説『ジャッカルの日』（一九七一年）が映画化された時（フレッド・ジンネマン監督、一九七三年）、主人公の殺し屋「ジャッカル」にキャスティングされたのは、当時、無名の俳優であったエドワード・フォックスである。そして、その俳優が今までスクリーンで見たことがない無名の俳優であったからこそ、この世のどこかに実在するかもしれない名もない凄腕の殺し屋「ジャッカル」の実在感を彼はもたらすことに成功したのだと思う。

その文脈で三田村さんの意図を考えると、登場人物たちの「実在感」を大事にした結果がこういう配役だったのだとは言えまいか。こんな父親はいる、こんな息子もいる、こんな妹もいる、こんな嫁もいる、こんな家族はある……。観客にそう信じさせるための作戦としての配役。

この芝居に出てくる登場人物は、「父」「息子」「妹」「嫁」そして、「友達」と「母」である。「息子」が劇作家だったりする特殊性はあるものの、どこにでもある普通の家族、普通の人間関係であることにはちがいないと思う。

これらの人々の姿が、不特定多数の観客たちの家族の姿と重なり、美しいイメージを紡げることを願う。

家族のドロドロ

第一稿を読んだ三田村さんがわたしに出した注文は、「家族のドラマをもっときちんと描いてほしい」というものだった。もう少し正確に言うと「家族の間にあるドロドロの感情」をもっと盛り込みたいというものだった。そこがよりドロドロ（＝家族という人間関係の厄介さ、鬱陶しさ）していた方が「戦争時代の思い出」（金坂と政江）が、より美しいものとして輝くのではないかということだ。わたしは得心して改訂作業を行なったが、わたしの力量だと家族のドロドロはこんなものにしかならなかった。

けれど、些細な心のすれ違いから気まずい関係になっていた父親と息子が、年老いた父の遺言とも言える戦争時代の母親との出会いの思い出話を通して和解していく——というストーリーにせよ、太平洋戦争を青森行きの列車と上野までの帰りの列車だけで描写するという方法にせよ、いいところもたくさんあるホンだと思う。

「現代社会の暗部にシャープに斬り込む」というようなタイプの舞台ではないけれど、心に染みる家族たちの舞台ができればいいなあと思っている。

2010年3月25日

『父との夏』について〔2〕

この芝居は何を描いているか

明日から小屋入りである。

稽古期間の改訂も経て、わたしたちの『父との夏』は完成した。稽古初日に配ったノートにわたしは次のように書いている。

「些細な心のすれ違いから気まずい関係になっていた父親と息子が、年老いた父の遺言とも言える戦争時代の母親との出会いの思い出話を通して和解していく話」

つまり、わたしは父親と息子の「対立と和解のドラマ」として、この芝居を括《くく》っていたのだ。

確かにそうのような言葉で言い表すことができる内容ではあるけれど、三田村さんの括り方は違った。次のようなものだ。

「老いた父親が、自分の命を賭けて自分の戦争体験を語り、息子が家を継がずに作家になることを許す話」

「なるほど！」とわたしは膝を叩く。こういうことを解釈して俳優に伝えるのが演出家の仕事だから、わたしとしては恥ずかしいのだけど、作・演出を兼ねる人間は、往々にして自分の作品の無意識層に無自覚であったりする。しかし、そのように解釈すると非常にスッキリする。

つまり、この芝居は「対立と和解」の物語ではなく「許しの物語」だったのだ。だから、最後の哲夫と幸太郎のやり取り――。

哲夫――できたんだね、橋。
幸太郎――ああ。
哲夫――……。
幸太郎――渡れない作りかけの橋もいつかはかかる。
哲夫――……。

というのは、「和解の成立」という場面ではなくて「許しの成立」という場面なのだ。哲夫はこの時に「仲直りできた」と確信するのではなくて、「親父が自分が作家になることを許してくれた」と確信するのだ。二人の七年前のやり取りを想像する。

幸太郎――いい年こいて夢みたいなこと言ってるんじゃないッ。
哲夫――そういうあんたはどうなんだよッ。ちんけな自転車屋でウダウダしてる負け犬じゃねえかッ。
幸太郎――自転車屋のどこが悪いッ。
哲夫――だいたい母さんはなんで死んだんだ。あんたが甲斐性ねえからこういうことになったんじゃねえのか！
幸太郎――……いいか、作家なんてものはそう簡単になれるもんじゃないんだ。
哲夫――やってみなければわからねえだろう！

このようなやり取りを経て現在があると考えるといいのではないか。母親は「哲夫の好きなようにさせてあげてほしい」ということを幸太郎に言っていて、哲夫の劇団の芝居を楽しみにしていた……。

そして、幸太郎は仏壇の政江に報告する。「母さん、哲夫は今度、大きな舞台の脚本を書いているそうだ。わたしも年を取った。昔と違ってうまくいくといいなと思うようになったよ」と。

このように締めくくることができた時に、この芝居はある普遍性を獲得できるのではないか。加えて前のノートを引用する。

ともあれ、作家がどんな現実を元に物語を書こうと、それを見るのは不特定多数のまったく違う現実を生きる観客たちである。しかし、家族というものは、どんな人も避けて通ることができない人間関係であるとしたら、わたしは、演出者として『父との夏』を個別の人間を描いて普遍たらしめる「家族」の――そして「父と息子」の物語にしたいと思う。

この芝居に出てくる登場人物は、「父」「息子」「妹」「嫁」そして、「友達」と「母」である。「息子」が劇作家だったりする特殊性はあるものの、どこにでもある普通の家族、普通の人間関係であることにはちがいないと思う。

これらの人々の姿が、不特定多数の観客たちの家族の姿と重なり、美しいイメージを紡げることを願う。

２０１０年４月18日

Wit Presents 3rd　『正太くんの青空』

2010年8月4日〜8日　作・演出／高橋いさを　新宿サンモールスタジオ

『正太くんの青空』のためのノート

作品について

本作は、小学校の会議室を舞台にした時間や空間の飛ばない一幕ものである。わたしは久しく一幕ものを書いていなかったが、改めて、この形式はやはり演劇がもっとも演劇らしく息づく形式であると再認識した。

そのぶん、俳優たちは一時間五十分、基本的に舞台に「出ずっぱり」なので、集中力はとても必要なものだとは思うし、アンサンブルの演技がとても重要になってくると思うし、リアクションの演技が大切だと思う。

内容は、結果として、小学校の教師と児童の両親を主人公とした「いじめ」をめぐる物語になったけれど、必ずしもわたしは現代の教育問題や教育事情について高い問題意識を持っている人間ではない。わたしが書こうとしたのは、「いじめ」という描き方によってはかなり深刻な題材を元に、とにかく笑えるものを作りたかったということに他ならない。

念頭にあったのは『12人の浮かれる男』（筒井康隆作）である。「その方が面白いから」という理由で、どう見ても無罪の被告を牽強付会《けんきょうふかい》、我田引水《がでんいんすい》のすべてを動員して有罪にしてしまおうとする陪審員たちを描いたこのブラック・ユーモアに溢れた作品を、小学校の会議室を舞台に再生できないかと考えたのだ。

結果としてはブラックな味わいには乏しいものにしかならなかったけれど、まあ、「自分の子供はいじめに関与していない！」と主張する両親たちの強引さとそれにあきれる教師たちの姿が、ある笑いとともにおかしく見えればいいなと思っている。

また後半は議論ではなくアクションに重点を置いた描き方をしている。そういう意味では、第一幕は議論の面白さを、第二幕はアクションの面白さを追求できたらいいと思う。

登場しない「正太くん」は、人間の邪悪さではなく善良さや素直さや可愛さを象徴するような存在として扱ったけれど、「子供を見ればその親がわかる」というような真実の提示が、この芝居の肝《きも》になるのだと考える。

現在の課題

(1)音響は、多く楽曲を使うわけではないのでそんなに大変ではないと思う。現在、使おうと考えるのは、第一幕の終わりと第二幕の延子の語りの場面、及びエンディングの三曲である。しかし、台本に指定のある「遠くから聞こえるたどたどしいピアノの練習曲」(子供が弾いているイメージ)というのも、うまく使えばいい効果を生むと思う。誰かにピアノを弾いてもらって、それを録音し、リフレインしてその曲を使えないかと思っているのだが。ずっとたどたどしく聞こえていたその曲(例えば「気球にのってどこまでも」とか「手のひらを太陽に」とかクラッシックの定番曲)が最後にきちんとした楽曲としてドーンとかかる——というのも面白いと思う。

(2)プロローグとエピローグは人形芝居にしたいと現在は考えている。製作するのも大変だから、アリモノでいいとは思うけれど、使える人形はどこかにあるだろうか。本格的にやるなら、プーク人形劇場の人に貸し出してもらう(知り合いがいる)というのもひとつの手だが。

(3)照明はとある夏の日の午後から夕方——すなわち十五時から十七時を基本的にリアルに作ってほしい。

(4)美術は、基本的に「小学校の会議室」をリアルに造形したい。

2010年7月2日

Nana Produce Vol.3 『知らない彼女』

2011年5月25日〜31日　作・演出／高橋いさを　Geki地下Liberty

『知らない彼女』について

作品ができるまでの経緯

今日から稽古を始めるにあたり、わたしの考えていることを以下に書く。

まず作品ができるまでの経過を少し書くと、プロデューサーの田崎那奈《たさきなな》さんとの打ち合わせのなかで、「どんな作品にするか？」話し合った結果、「ほのぼのとしたものではないもの」「コメディよりはサスペンス」というような方向が示された。わたしはサスペンスは大好きだが、元来、どちらかと言うと笑いのあるものを作ってきた作り手である。だから、今回のような「社会派サスペンス」というような味の芝居は余りやっていない。だから、今回の内容はちょっとした挑戦であり冒険ではある。

わたしたちが打ち合わせのなかで例題として挙げたのは『箱の中身』（戯曲／原田宗典）、『容疑者Xの献身』（小説／東野圭吾）、『息子のまなざし』（映画／ジャン・ピエール&リュック・ダルデンヌ監督）などである。

まあ、これらはみんなわたし発信の作品ではあったけれど、こんなイメージのなかで『知らない彼女』はでき上がったというわけである。「高橋いさをの書き下ろしによる報復と処罰をめぐるサスペンス・ミステリー」とチラシには記してもらったけれど、果たして、どこまで突っ込んで「報復と処罰」が掘り下げられているかには疑問がある。けれど、弁護士が探偵役となって事件の真相を解明していくという構成は充分に「ミステリー」と言っていいようにできていると思っている。

決起会で岡安泰樹《おかやすたいじゅ》さんに「見ておくべき映画」を尋ねられた時に咄嗟に出てこなかったけれど、わたしが念頭にたぶん置いたであろう映画をいくつか書くと『死と処女《おとめ》』『39 刑法第三十九条』『情婦』『白と黒のナイフ』『深夜の告白』『フレイルティー〜妄執』『密殺集団』などである。直接、関係ないかもしれないが、無意識にたぶんこれらの映画の構造や味を参考にしていると思う。

何を「知らない」のか？

『知らない彼女』というタイトルは、言うまでもなく、「めぐみ」のことを指すと考える。夫の

「佐野」にとっての「めぐみ」が「知らない彼女」＝「夫でありながら全然理解できていない女」ということである。だから、この物語は、めぐみの物語なのではなくて、佐野という男の物語であると考える。

ふとしたきっかけで結婚した女。女を愛した男。しかし、その女には男の理解の及ばない深くて暗い秘密があった……。そんな女を前に男はどう振る舞ったか？　それが『知らない彼女』の基本線であると考える。だから、この芝居の肝《きも》は、最終場面で法廷に立つ佐野がどんな感情を持って判事に臨むかである。

「自分の子供を殺された母親の復讐話」――こんな特殊な物語に普遍性を持たせるのはなかなか容易ではないと思う。けれど、この非日常的な物語は、子供を持つ親、あるいは夫婦であるなら、ある程度「我が身」に引きつけて考えることは可能だと考えると、決して遠い世界のファンタジーではないアクチュアリティ＝現実に起こり得る力を持っていると思う。

パズルと法廷

美術打ち合わせでわたしが加藤《かとう》ちかさんに提出したモチーフは「パズル」と「法廷」である。モチーフ――すなわち、この芝居を視覚的に象徴するもの。言うまでもなく「パズル」は弁護士の滝島が語る「裁判というのはジグソー・パズルと同じだ」という台詞に拠っている。

結果としてどういう美術になるかはまだ確定していないけれど、少なくともわたしはそのようなモチーフのビジュアルがほしいと思っている。

と書くと、前に書いた「佐野の物語」という解釈と矛盾するようだが、つまり、この芝居は、犯罪の行為者である「佐野の物語」を弁護士たちが証拠によって解明していく物語＝ミステリーであるという意味では、「パズル」と「法廷」というモチーフはそんなにおかしくないと考える。

★

決起会で重松隆志《しげまつたかし》さんはこう言った。「いさをさんの新作なので、ストレイドッグ（重松さんの所属する劇団）の人たちはみんな凄く期待している。そんな彼らをいい意味で裏切る舞台にしたい」

解説が必要だと思うけれど、どちらかと言うと、ストレイドッグの人たちも含めて、わたしの周りの人々もみんな「笑いのあるもの」を期待しているムードはあるような気がする。けれど、そういう雰囲気のなかで、こういうタイプの「社会派の問題作」をガツンと叩き付けて、びっくりさせたいという意味だ。わたしもまったく同感で、エンターテインメント性は希薄かもしれないけれど（いや、「謎解き」という語り口が充分エンターテインメント性になり得るのだが）硬質感のある緊張感に溢れた舞台を作りたいと思っている。

短い稽古時間ではあるが、ここに集った人々のそれぞれの思いがぎっしりと詰まったいい舞台を作りたいと願っている。

２０１１年5月1日

注『知らない彼女』はのちに『モナリザの左目』というタイトルで論創社から出版された。

Wit Presents 4th 『わたしとアイツの奇妙な旅』

2011年7月6日〜10日 作・演出／高橋いさを 新宿サンモールスタジオ

『わたしとアイツの奇妙な旅』のためのノート

Ｗｉｔについて

今回の公演は、Ｗｉｔの第四回目の公演である。Ｗｉｔとは、ＩＫＫＡＮのｉ、いさをのｉ、泰三のｔを意味している。今までに行ったＷｉｔの公演は『Masquerade（マスカレード）』（二〇〇九年）『真夜中のファイル』（二〇〇九年）『正太くんの青空』（二〇一〇年）の三本。毎年一本のペースである。

今回はいしだ壱成《いっせい》くんとＩＫＫＡＮさんの二人芝居というのが当初の条件だったが、そこに「一人女優を加えてほしい」とわたしが提案して石川亜季《いしかわあき》さんを呼び、このような形での公演となった。

私事だが、五月に公演した『知らない彼女』という芝居がとてもシリアスな内容のものだったので、こういうハチャメチャなコメディができてわたしはうれしい。わたしはどちらかと言うと、シリアスなものよりこっちの方が自分に合っているような気がする。『知らない彼女』は取材もして、長い時間、悩みながら書いたけれど、こっちは勢いに任せて三日間で書き上げたものだ。こんなに早く戯曲を書いたのはたぶん処女作『ボクサァ』以来であると思う。短ければいいと言うつもりは全然ないけど、つまり、この芝居はわたしのなかですでに「できていた」ということだと思う。だから、わたしは、その「できていた」芝居をただ文字に移し換えたのだと思う。

『わたしとアイツの奇妙な旅』について

本作は、一人の男の性の遍歴を彼自身の男性器との会話で描くという奇想天外なコメディである。とは言え、こういう趣向は前例がないわけではなく、男性の「精子」を人間が演じるウディ・アレンの『ウディ・アレンの誰でも知りたがっているくせにちょっと聞きにくいSEXのすべてについて教えましょう』（一九七二年）があったし、本作の着想の元になった『わたしとあいつ』（一九七一年）というアルベルト・モラヴィアの小説がある。こちらの主人公は映画監督で、彼は自分の巨根と哲学的な会話をするらしい。

どちらにせよ、『わたしとアイツの奇妙な旅』は奇妙な話にはちがいない。けれど、奇妙ではあるけれど、男性なら誰でも思い当たるような真実がそこに描ければいいと思う。人間の真実を、そのまま描くのではなく、あくまで笑える趣向で描くこと——それこそわたしの求める演劇の形である。

もちろん、馬鹿馬鹿しいセックス・コメディであるにはちがいない。しかし、その馬鹿馬鹿しさのなかに一抹の真実と言うか、切実さと言うか、心のこもったものがあってほしいとは思う。なぜって、形式は馬鹿馬鹿しくても、わたしたち男性はみんな「アイツ」と一生付き合っていかなければならない生き物なのだから。

また、大上段に振りかぶるつもりは全然ないけれど、心理学的な考察を促すきっかけのような味もほしいと思っている。わたし＝理性、アイツ＝感情という図式を作るなら、近代はわたしの時代で、アイツが限りなく抑圧された時代であるという読み方もできるし、わたし＝意識、アイツ＝無意識（エス）という図式を作るなら、二人の関係はフロイトの心理学に応用が利くような気がする。実際、母親が重要な役割を担っているという点などはフロイトの心理学に通じているような気がする（全然突き詰めていないけれど）。

全然、関係ない話に聞こえるかもしれないが、わたしは最近、役者をやるようになった。その文脈で言うと、わたし＝作家、アイツ＝役者という図式になり、この芝居の最終場面におけるわたしとアイツの逆転は、そんなわたしの心境の変化と重ならないでもない。

舞台は「わたし」の部屋、あるいは「わたし」の内部とト書きにある。だからリアルな室内は要らないと思っている。むき出しのサンモールスタジオの壁があり、そこに適切なアクティング・エリアが作れればいいと思う。

２０１１年５月30日

J-Stage Navi Produce 『プール・サイド・ストーリー』

2011年8月24日〜28日 作／高橋いさを・高橋卓郎 演出／高橋いさを 赤坂RED/THEATER

『プール・サイド・ストーリー』のためのノート

『プール・サイド・ストーリー』について

この作品は、高橋卓郎《たかはしたくろう》とわたしの共作である。基本的なアイデアと登場人物は高橋卓郎の書いた第一稿に因っている。題して『プール・サイド・ストーリー』——言うまでもなく『ロミオとジュリエット』の卓抜した翻案劇『ウエスト・サイド・ストーリー』のモジリである。

語り手である「学校長・江戸川」が進行役となり、この夏に起こった高校生の事故死の謎を究明していく「報告会」という体裁でドラマは展開する。この作品では、原典における「ヴェローナの都の二つの家の対立」が、「私立弁楼南《べんろうみなみ》高校の二つのクラブの対立」に置き換えられている。

原典ではロミオとジュリエットは死ぬのだが、この作品では死なずに、その代わりに「ヘレン」という一平の親友が命を落とす。『シラノ・ド・ベルジュラック』（エドモン・ロスタン作）における「シラノ」に当たるこの人物を登場させたという点が、この劇のいいところだと思う。ヘレンは友人の愛の成就のために命を落とす殉教者のようなイメージを持っている。

舞台は海に近い町（千葉《ちば》辺りか）のとある高校。この高校の水泳部の男子と女子は、些細なことに端《たん》を発して激しく対立している。そんな環境もあって男子と女子の恋愛は厳禁。しかし、そんなクラブにそれぞれ所属する一平と岬は恋に落ちてしまう。さまざまな葛藤を経て、二人はボスと呼ばれる古本屋の親父の手を借りてとある計画を立てる……。

まあ、何てことはない物語ではあるけれど、『ロミオとジュリエット』の翻案劇であるこの芝居の面白味は、オリジナルなストーリー展開にあるのではなく、『ロミオとジュリエット』の世界を、いかに別の位相で鮮やかに成立さるか――という点であると考えると、まあ、うまくいっているのではないかと思う。

いま現在、この物語（『ロミオとジュリエット』）を読むと、戦争や報復という愚かな行為を繰り返す人間たちの負の連鎖の物語というイメージも持てるのだから、さすがシェイクスピアである。改めて『ロミオとジュリエット』の普遍性を感じずにはいられない。

とは言え、この『プール・サイド〜』は、純然たる「青春演劇」であって、そんな寓意をこの劇に持たせようとは思わないけれど。

この劇の象徴としての「水」と「空」

今回の芝居の象徴は、タイトルにもなっている「プール」である。満々と水を湛えたプールと青空。水と青空。空にたなびく真っ白な雲。そこに若い恋の純粋さと輝きが重なっていく——というイメージになればいいのだと思う。だから、この劇を象徴するヴィジュアル・イメージ（＝色）は透明感のある「青」あるいは「ブルー」である。

青という色は、「青二才」「青臭い」というような言葉が現すように「未成熟」という意味を持つと思う。それがこの劇の主人公たちの精神の幼さ＝未成熟さに連なるイメージである。しかし、同時に青は、「青春」という言葉があるように最も輝かしい時間でもあるのだ。青という色の持つ両義性《りょうぎせい》。未成熟ゆえの愚かさと清々《すがすが》しさ——そのシンボルの色としての青。エピローグで全員で踊る曲の候補は『ヤングマン』（歌／西城秀樹）である。その選曲は、この劇を一人の若者の命を奪った「プールの悲劇」としてまとめるのではなく、紛れもない「若さの賛歌」としてこの劇をまとめたいと思うからに他ならない。もっと言えば、わたしがこっそりとこの劇に込めるメッセージは「命短し恋せよ乙女」である。

シンクロナイズド・スイミングをいかに見せるか

「対立する二つのクラブ」とは男子水泳部と女子水泳部である。劇の冒頭とクライマックスに実際にシンクロの競技を演じることになる。

シンクロと言えば、嫌が上でも『ウォーターボーイズ』（矢口史靖《やぐちしのぶ》監督、二〇〇一年）を連想するし、そういう先行作品があるだけに、オリジナリティという点でこの作品の分は悪い。けれど、舞台でシンクロナイズド・スイミングを見せるというのは、極めて演劇的な想像力が試される試みである。

この競技の場面をいかに演劇的にうまく見せるか――というのが演出上の大きな課題である。

2011年6月26日

キョードーファクトリー

『隠蔽捜査』『果断・隠蔽捜査2』

2011年10月19日〜30日　原作／今野敏　脚本／笹部博司　上演台本・演出／高橋いさを　シアター1010

隠蔽と決断

はじめに

わたしは、いつも公演の際にこういうノートを配り、わたしの考えを文章にする演出家です。演出を担当する人間は、車輪に例えると輪っかの中心にいる存在だと考え、全キャスト、全スタッフを演出という「中心軸」が繋いでいたいと考えるからです。

★

さて、今回の『隠蔽捜査』『果断・隠蔽捜査2』の連続上演。正直に申し上げると、最初にこの話をいただいた時の感想は「無謀だ」というものでした。通常の公演の二倍の労力が必要になるであろうことを予想したからです。その感想は現在も変わりません。竜崎（上川隆也《かみかわたかや》さんが演じます）の台詞の多さを考えるとちょっと溜め息が出ます。しかし、無謀であっても、「絶対にやり遂げてやるッ」という意志と熱意さえあれば、普通できないことをやり遂げることはできると信じております。

小説と舞台劇

さて、この公演に関して、現段階でわたしが考えていることを書きます。

今野敏《こんのびん》さんの原作小説は賞を取った有名なものだと聞きました。なるほど独創的な発想で描かれる警察小説でした。

『隠蔽捜査』は「警察官による連続殺人事件の謎」、『果断』は「犯人射殺をめぐる謎」が描かれていて、その部分だけ取り出せば、充分ミステリーとして成り立っていると思います。けれど、作者は「事件の真相」よりも、その事件をめぐる警察官たちの行動に焦点を当てていて、そこがこれらの小説の「新しさ」になっているのだと思います。実際、二つの小説ともに犯人＝前者は事件を起こした警察官、後者は立て籠もり犯人にほとんど焦点が絞られていない点が特異だと思います。

その構造の連想で言えば、二つの小説の「犯人たち」は、『十二人の怒れる男』における「裁かれる少年」の位置にあると言えるかもしれません。当事者ではなく、その当事者の周辺の人々

（＝警察官たち）の右往左往。

確かにこの小説は、「行動する人間」の側を描いているのではなく「議論する人間」の側を描いているという言い方はできるのかもしれません。実際、作者の筆は、犯人に対峙して主人公がどう行動したかではなく、それを受けて「官僚として、人間としてどう生きるか？」という哲学的な問い掛けの方に重心をかけて小説を書いているように感じます。

しかし、小説は小説であり、戯曲ではありません。わたしはこの小説を板に乗せるには、大胆な仕掛け＝さらなるもう一手が必要であると考えました。

それが『隠蔽捜査』における伊丹の回想、『果断』における戸高の回想という手法です。直接話法ではなく言うなれば間接話法です。違う例で言うと『アマデウス』型とでも言いましょうか。加えて、「小説の台詞を舞台の台詞に」というのが戯曲化における大きなポイントでした。とにかく説明的にならざるを得ない小説の台詞を俳優がしゃべりやすい言葉にすること。

舞台造型に関して

『隠蔽捜査』『果断』とも場面はさまざまな場面になるので、舞台は具象ではなく抽象の舞台装置をお願いしました。

演出としての仕掛けは、前者は「隠蔽」、後者は「決断」です。その二つの抽象的なキーワードをいかに具体的に視覚化するか？　それが『隠蔽捜査』における「基本舞台を覆い隠す遮蔽物」であり、『果断』における「舞台上で揺れる××」（まだ決めていません）です。前者は、文字通り、舞台を何かで覆い隠し、秘密を「隠蔽する行為」を、後者は決断を迫られる「竜崎の心の揺れ」を文字通り揺れる何かで象徴したいという意図です。

そして、遮蔽物が取り去られることによって「秘密の公開」を、揺れていた××が静止することによって「決断」を視覚的に表現できたらいいと思っているのですが。

また、この企画のポイントは『隠蔽捜査』『果断』という二本の舞台を交互に上演していくという企画の特殊性です。もちろん舞台装置を飾り換えることは不可能ではないでしょうが、いちいちバラシて装置を飾り換えるのは得策だとは言えません。主なる舞台は前者が「警察庁」、後者は「大森署」です。その二つの基本舞台として共通して使える舞台美術を前提にものを考えた方がよいと考え、現段階ではこのような舞台（これから説明があります）になりました。

★

まったくもってこの短い稽古期間の間（二十五日間です）に二つの芝居（しかも両方とも二時間十五分あります）を作るのは、大変を通り越して笑いたくなりますが、みなさんの熱意でお客様に喜んでもらえるいい舞台を作りたいと思います。ご協力を心からお願いします。

２０１１年９月20日

Wit Presents 5th 『クリスマスの悪夢』

2012年11月7日〜12日 作・演出／高橋いさを 新宿サンモールスタジオ

『クリスマスの悪夢』のためのノート

作品について

『クリスマスの悪夢』は、Ｗｉｔが二〇〇九年にサンモールスタジオで上演した『真夜中のファイル』の改訂クリスマス・ヴァージョンである。『真夜中のファイル』は、四名の作家の競作によるオムニバスで、わたしは「クリスマスの贈物」と「彼女の名は死」の二つを書いた。その二つの短編に「帰郷」「キャッチボール」「あの時と同じ」「ボイス・レコーダー」を新たに書き下ろして六本立てにしたものが本作だが、「教会の神父に懺悔をしに来る人々」という構成で作った前作とは違い、「地獄のキャバレーを訪れたサタンを寸劇で接待するホステスと客たち」という構成に直したものが本作である。さらに、すべての作品の時期を「クリスマス前後」にして、クリスマス絡みの物語にしてある。要するに、比較的、現実的な枠組みのなかで構成した前作を、ファンタジーの枠組みのなかでとらえ直したということである。

初演の時に強く感じたのは、「殺人行為というものは、何と豊かな身体表現を可能にするものなのか！」という感想だった。人が人を殺す。いろんな殺し方があるにはちがいないが、それが銃殺であれ、絞殺であれ、撲殺であれ、刺殺であれ、とにかく人間が殺人行為を行う時の「身体性の豊かさ」に目を見張った。もちろん演劇の魅力の一方には「言葉」（＝喋る）の面白さがあることは言うまでもないが、「行為」（＝動く）の面白さを考える上では、殺人行為というのはその究極にあるような気がしたのだ。人間が殺人行為を行う時には、とにかく身体を使わざるを得ないし、同時に大きなエネルギーが必要だから。

前向きの悲劇

今回は、一つの作品は短いにもかかわらず、たくさんの出演者の人たちが集まってくれた。とても贅沢な公演である。オムニバス形式の作品なので、それぞれの役者さんたちの絡みはたくさんないけれど、作品全体を刺し貫いている大きな目的は「サタンの歓待」である。人々は「元気のないサタンを元気づけるため」に血まみれの惨劇を一生懸命に演じるのだ。そんな人々の意志はとてもポジティヴなものである。

そして、わたしが目論む作品の構造としては、サタン＝わたし＝劇場に足を運んでくれるお客様たちというメタファー（比喩）である。「元気のないサタン」とは、すなわち「元気のない高橋いさを」＝「元気のない観客」である。だから、「サタンを喜ばすホステスとキャバレーの客」とは、文字通り、観客席にいるわたしたちを歓待する「俳優たち」のメタファーであっていいのではないかと考える。

もちろん、彼らが見せる寸劇の内容は、明るく楽しいものではなく、その反対側にあるような血まみれの惨劇ではあるが、人間が元気を取り戻すのは何も明るく楽しい物語だけではない。暗く残酷な物語であっても、その物語を演じるホステスたちと常連客に「サタンを楽しませたい！」というポジティヴな意志があれば、それは、ただの暗く陰惨な物語だけには終わらないとわたしは思う。そういう意味では、我々が目指すのは「前向きな悲劇」である。「希望に満ちた惨劇」である。だから、劇を見終わった観客を嫌な気分にさせるのではなく、「怖いけど楽しかった！」という感想を持ってもらえるものにしたい。冒頭と終幕に全員で歌を歌いたい（ＩＫＫＡＮさんに作詞を依頼してある）のはそういう理由からである。

舞台造型に関して

地獄のキャバレー〝アスタ・ラ・ビスタ〟が基本的な舞台造型のモチーフである。だから、舞台は「酒の飲めるバー」のようなものがいいと思う。予算も少ないから、たいした装置は飾れないと思うけれど、わたしのイメージだと黒い舞台装置のなかに極彩色の電飾（パイプの）で「Hasta la vista」と看板がほしいと思っているが。

加えて、クリスマス・ツリー。大きなものでなくてもよいので、それが舞台の片隅にあり、場面転換の時は、そのクリスマスツリーに飾られた電飾が怪しく光るという風に舞台を進行させたいと思っている。

それぞれの場面は、リアルなものではなく、抽象的な椅子とか机を兼用して使っていく方法がいいのではないかと考えるが……。

2012年10月1日

Nana Produce Vol.4 『旅の途中』

2012年2月22日〜28日 作・演出／高橋いさを 中野劇場HOPE

『旅の途中』のためのノート

作品ができるまでの経緯

今日から稽古を始めるにあたり、わたしの考えていることを以下に書く。

まず戯曲ができるまでの経過を書くと、プロデューサーの田崎那奈《たさきなな》さんとの打ち合わせのなかで、「どんな作品にするか?」話し合った結果、シリアスなものではなく、「ハートウォーミングなコメディ」というような方向が示された。それは連続上演する『モナリザの左目』(『知らない彼女』改題)が「復讐」の物語なので、まったく違うテイストのものを作りたいというプロデューサーの意向だった。昨年の大きな地震の被害による多くの人たちの精神的ショックも念頭にあるということだった。人々を励まし、元気にさせる芝居を作ること。わたしにも異論はない。

出発点は「恩返し」の物語だった。「復讐」の反対語が「恩返し」だということを最近知ったからだ。「人間は復讐もするが恩返しもする」というキャッチ・コピーをチラシに入れてもらったのはそのせいだ。「復讐」という行為が人間のネガティヴなエネルギーによって行われるものなら、「恩返し」は、ポジティヴなエネルギーが原動力となって行われる行為だと思う。

わたしは元来、笑いのある芝居の書き手ではあるので、こちらの方は得意分野と思っていたが、正直に言うと、今回は苦戦した。

それは、きっと、笑いのあるものを書いてきたとは言え、わたしは真に「コメディ」と呼べるようなお洒落なものを作ってこなかったからかもしれない。構想を練る時間が比較的短かったこともある。

だから、わたしの挑戦としては、真に「コメディ」と呼べるような芝居を書くことであった。それがどれだけ実現できているかは、みなさんの判断を待つしかないけれど、「楽しい芝居を作りたい！」というのが今回の根本的なテーマである。

だから、間抜けな馬鹿がたくさん出てくるが、なぜかそいつらが愛しい——というような味わいの芝居にしたいというのがわたしの目指すところである。みなさんの役作りに期待するゆえんである。

『旅の途中』について

『旅の途中』というタイトルは内容もちゃんと決まっていない段階でつけたタイトルだが、確かにこの芝居は旅をしている途中の人物（友也とヤスコ）を描いているから、そういう意味合いも持っている。自分の住む慣れ親しんだ場所を舞台にしているのではなく、逃亡先の見知らぬの土地を舞台にしている点。友也とヤスコは旅の終わりではなく、旅の途中にいるのである。この先に彼らはどこに辿り着くのか？

けれど、この芝居は、もう一つの視点がある。そんな二人の物語を今は亡き先輩の墓前で探偵の沢木が報告していくというスタイルである。このスタイルに即して言えば、この芝居は、探偵の沢木の「人生の旅」の物語という側面を持っている。沢木もまだ終点にはいない。彼もまた旅の途中にいるというわけである。

人生というのものをひとつの旅であると考えるなら、我々はみんな旅をしている旅行者のようなものだと考えてもおかしくはない。そして、三十代、四十代、五十代という年齢である我々は、まさに人生という名の旅の途中にいる人間たちである。死者＝旅を終えた人間に、旅行者＝旅の途中にいる人間が、自分の旅＝人生の意味を問う物語という側面も、この芝居は持っているように思われる。

舞台造型に関して

基本的に『モナリザの左目』と同じような舞台造型を想定して、作者は本作を書いた。すなわち、主に「部屋の場面」に使われる基本舞台があり、そこにソファとテーブルを置く。その周りに一段低いエリアがあり、そこを臨機応変に「野外の場面」として使うこと。いわゆる抽象の装置。『モナリザの左目』には「パズル」という劇のシンボルがあり、それが正面の壁に象徴的に造型されていて効果的だったが、『旅の途中』には、「パズル」のような象徴はあるか？

前にも書いた通り、「旅」という言葉がこの芝居のキーワードにはなると思うが、「旅」は行為であってモノではない。そのへんをどう造型するのかが、舞台美術的な課題ではあるのだが、旅の連想から言えば、舞台を乗り物（例えば列車や飛行機や船）にしてしまうというのも一つのやり方か？ どこかへ向かう途中に旅行者が使うもの。あるいは、「空港」とか「駅」とか、そういう場所を思わせる舞台造型も可能なのか？ 沢木が物語を語る場所は「墓地」であるから、墓地をモチーフにすることも可能だとは思うが……。

★

短い稽古期間ではあるが、たくさん笑えてちょっと切ない芝居が作れればうれしい。初顔合わせの人も多いけれど、よろしくお願いします。

２０１２年１月31日

演出とは何か

以下の文章は、毎年、文化祭で演劇のクラス発表を行なうわたしの母校の都立北多摩高等学校*の演劇講習会で配布したものである。本書の最後にこの文章を添える。

演出とは何か

専門的な意味において舞台の「演出」という作業をわたしなりに言葉にすると、「舞台作品の上演に向けて、その舞台の芸術的な方向性を決め、その実現に向けて出演者とスタッフを先導していくこと」とでもなるか。映画における「監督」に当たる言葉と言っていいと思う。映画の監督の行なうのも「演出」だが、舞台の場合は、「演出する人」のことを「監督」と呼ばずに「演出家」と呼ぶ。また「舞台監督」という職種が舞台にはあり、これはよく「演出家」と混同されるが、「演出家」と「舞台監督」は別のものである。「演出家」を芸術的なリーダーとするなら「舞台監督」は、演出家の芸術的なビジョンをサポートする職人的なリーダーである。「こんな舞台装置がほしい」と演出家が言ったら、その舞台装置を大道具係と連携して製作し、現実の劇場での装置を作り上げ、劇場入《こやい》りしてからの始まりから終わりまでの一切を中心となって進行させる人のことだ。

ところで、「世の中には演出家と役者しかいない」という言い方はできる。学校を例にするなら先生は演出家で、あなたたちは役者である。家庭を例にするなら両親は演出家であなたは役者だ。クラブ活動を例にするならキャプテンは演出家でほかの人たちは役者である。国を例にするなら政治家は演出家で国民は役者。そういう意味では、演出家というのは役者をよい方向に導くために努力する人のことである。

また、山登りのパーティーにたとえると、演出家はそのパーティーを山頂へ向けて先導していくリーダーのようなものだと言える。だから、いいリーダーのいるパーティーは目指した山頂へ無事に辿り着くことができるが、うまくやらないと途中で遭難してしまう。

演出家の役割

お芝居を作るに当たって、あなたたちがまず躓《つまず》くのは、こういう局面なのではないかと想像する。まがりなりにも脚本はできた。それを使って稽古《けいこ》を始めた（芝居の世界では伝統的に「練習」とは言わずに「稽古」という。日本独特の言い方だ）。しかし、稽古も半ばに差し掛かったあたりで、稽古場がうまくいかなくなって、出演者の一人が「ここはこうした方がいい」と言い出す。何人かの人はその意見に同調するが、他の何人かは反対する。他の人たちはどっちでもなくただ傍観している。稽古場に険悪なムードが漂う。これも登山にたとえると、だんだん疲れてきて、このルートでは山頂に辿り着けないから、こっちの道を選んだ方がいいとパーティーの構成員が言い出したと考えればいいいか。このままだといっしょに山頂を目指すことができない。こんなときどうしたらいいか？

こういう時に、パーティーを引っ張って行くのが「演出家」である。方向を決めるのは役者《あなた》ではない。演出家である。そこを間違ってはならない。

そもそも、あなたたちは、「みんなで作る」という感じで稽古を始めていて、「演出」という作業をする人間を決めていないかもしれない。だから、こういう局面に直面すると混乱し収拾がつかなくなるのだ（穿《うが》ったことを言えば「戦後民主主義教育」を受けているわたしを含めたあなたたちが、ここで混乱するのは当たり前だが）。それを回避するためにも、あらかじめ「演出」という役職の人を決めて稽古を始めた方がいいと思う。決めていないなら今日にでもすぐに決めるべきだ。仮にその人が頼りにならない人であっても、とにかく決める。一人だと負担がかかりすぎると言うなら、二人でもいい。その劇を書いた作者（あるいは既成の劇を脚色した人）ともう一人。そして、そういう局面になったら、間違っている可能性もあるけれど、その人たちの指示に従うのだ。それが芝居作りの「ルール」である。

芝居というのは民主主義ではできない。そこにいる全員の意見などを取り入れていたら埒《らち》が明かないのである。もちろん、稽古をしている段階で演出家が発想できないいいアイデアが別の人間から出るときもあるだろう。その時は、演出家がそれを「よい」と思い、そのアイデアを演出家自身が選択し採用するのは構わない。けれど、そうでないものは演出家は断固、排除していい。「あたしの考えとはちがうから」と。それに対してブーブー言うのはお門違いなのである。劇を作っている参加者たちはそこを理解してほしい。あなたは、彼（彼女）をリーダーとする山岳パーティーに参加するということを決めたのである。大袈裟に言うなら、彼（彼女）に命を預けたのである。後は死ぬかもしれないが、彼（彼女）を信じるしかないのだ。そして、結果として遭難して死ぬかもしれないが、それは仕方ないことなのだ。そして、劇の失敗はすべて演出家の責任だ。それを引き受ける人が演出家で、だからこそ逆に演出家は、その劇を自分の思いのままに作る「権利」を持っている人なのだ。

ビジョンを持つ

では、演出家は何をすべきか。まずは、ビジョン（展望）をきちんと持つということだと思う。その劇を通して「何をしたいのか」をはっきりさせておくこと。例えば、「××役を演じるA子ちゃんを僕は大好きだから、彼女をとにかく可愛く見せたい」とかそんなレベルでもいい。まあ、これだと他の出演者からの「ざけんじゃねえよ！」という批判は覚悟しなければならないけれど、とにかくまずみんなを説得するための明快なビジョンを持つことである。

「遠い時代の苦しい農民の姿を通して、現代にのほほんと生きる僕らの生活を批判したい」というのも立派なビジョンである。出演者とスタッフはそのビジョンの実現に向けてすべての作業を行なうのだ。仮にあなたが演出家の提出したそのビジョンに面白さを感じないとしても、だ。

次に、演出家はそのビジョンをより芸術的に表現するためにどんな方法があるかを考え、それをもっと具体的に実践していく。前者を例に取れば、A子ちゃんを可愛く見せるためにどんな方法があるかをいろいろ考える。こんな衣装を着せるといいとか、相手役に可愛くない子を配役すれば彼女が美しく見えるとか、他の人たちの顔は暗くてもいいが彼女だけにはスポット・ライトをいつも当てて華やかに見せてやるとかそういうことだ。

後者を例にするなら、遠い時代の農民が出てくる芝居だけれど、自分たちの接点を強調するために、農民のような衣装は着ずに、現代の若者の姿のままその農民を演じるとか、そういうことを考え、それを実践するのである。

また、音楽は尾崎豊《おざきゆたか》を使うとか、森を表現したいから木をたくさん飾りたいとか、ヒロインは純白のドレスを着たいとか——そういう案を提出して、それを実現するために他の人に協力してもらって努力するのである。

どちらにせよ、現在ここにこうして生きているあなたとの関わりのなかにしかビジョンはないとわたしは思うから、むずかしく考えずに、自分がなぜその作品に興味を持ったか——そのへんを根底に置いてビジョンを作ればいいと思う。

「約束事」を作る

あなたたちが舞台を作ろうとしたときに陥りやすいのは、舞台なのに映像のように作ってしまう点なのではないかな。それはそれで新しい表現形態を生み出せる可能性は持っていると思うけれど、オーソドックスなことを言えば、舞台には舞台の作法があり、映像には映像の作法がある。もう少し具体的に言えば、舞台には舞台の空間の選び方と時間の流れがあり、映像には映像の空間の選び方と時間の流れがあるということだ。

例えば、映画『タイタニック』が実現していることをそのまま舞台でやろうとしても無理である。あれは映像だからこそできる種類のものだ。言い換えれば、映像の利点というものを最大限に利用して作っているわけだ。巨大な客船、広い海、冬の海の冷たさ……すべて映像だからこそリアリティが出せる。

舞台の表現というのは極めて現実的である。場面をAからBに変えるというだけのことでも、人間が人力で「転換」を行なわなければできない世界なのだ。だから、その場面を極力、現実的に処理するにはどうしたらいいかを考えるのが演出を担当するものがやるべきことである。そして、スピーディーに場面を転換させたいなら、どんな方法が一番早く転換できる方法なのかを考える。

演劇という表現形式は、最も制約の多い表現である。しかし、演劇ならではの利点もある。それは映像表現などと比べるとかなり大胆な虚構性を持ち込める点だ。例えば、御飯を食べるという場面も、映像だと実際に御飯を食べてもらうしかないのだが、演劇では「無対象で」御飯を食べても全然おかしくない。例えば、猫が出てくる内容のものだとして、映像では本物の猫に出てもらうしかないが、演劇だと猫は人間が演じてもヘンではないのである。例えば、歌舞伎には「黒子《くろこ》」と呼ばれる黒い衣装を着た舞台進行を手伝う係が平然と舞台の上に登場し、俳優たちの演技を助けたり、舞台転換を行なうけれど、それもそれでいいのである。そういう「約束事」さえきちんと観客に理解させることができれば、観客はそれを見て「嘘だ!」とは言わないのである。つまり、映像表現と演劇表現を比べると、演劇表現の方が「虚構としての間口《まぐち》が広い」ということだ。その表現をいかに演劇的に成立させることができるか——それが演出家の考える最大の課題である。

劇を作るとはどういうことか

最後に劇を作る上で一番大切なことを言う。劇を作るとはどういうことかと言うと、その劇を愛するということである。同時にそれはそこに集まった人たちを愛するということである。極論を言えば、問題はその日、上演されるものではない。その上演に漕ぎ着けるまでの時間、いかに自分以外の人間を愛せたかが問題なのだ。

劇は一人ではできない。人が何人も集まって作る。だから、なかには気に食わないヤツもいるだろう。けれど、そいつも愛さなければいい劇はできない。その劇を作ることを通して、そこにいる人間たちがどれだけ愛し合えたか。そして、愛情を一番多く持てたクラスが芸術的にも一番いいものを作るとわたしは思う。いい劇は、その劇を見ることによってそこに至るまでの経過を想像させるものだからだ。

そういう意味では、「演劇を作る」という行為は、若い人たちに共同して何かをやることの大変さと、それに打ち克《か》ったときのすばらしさを学ばせる上で非常に有効な方法ではあると思う。さすが北多摩高校！

そして、演出家とは、そこにいる人たちを愛し合わせるためのキューピッドのような存在である。それぞれのクラスが遭難せずに山頂にみんなで登り、大きな喜びを分かちあうことができることを祈る。

＊都立北多摩高等学校は都立立川国際中等教育学校とひきかえに二〇一三年に閉校になった。

あとがきに代えて

わたしは、基本的に自分で戯曲を書き、自分でその戯曲を上演するというスタイルで演劇活動を行ってきた人間である。いわゆる「作・演出」というヤツである。演出する戯曲が自作であるということには、いい側面と悪い側面があるように思う。いい側面とは、自作ゆえに、だいたい登場人物たちの内面や心理的変化が自分の生理や感覚を元に書かれているので、無理なく把握しやすいという点だ。笑いのツボも心得ている。「作者はこの作品を通して何を言いたいのか」というシンプルな疑問も、まあ、書いた本人だからくみ取りやすい。他人が読んでも「?」となるような台詞やト書きも、作者には説明する言葉がある。この台詞には「コレコレこういう意味を持って書かれている」とか、このト書きは「こういう舞台装置のイメージを想定して書かれている」とか。

けれど、反面、悪い側面は、自作ゆえに戯曲に全く新しい側面から光を当てるということができにくい点であると思われる。自分のことは自分が一番よくわかっていると人間は思いがちだが、案外、自分のことは一番わかっていない場合があったりするからだ。硬い言い方をすると、作家の「無意識層」は、作家本人には自覚されていない場合が多い。作家が自覚しているのは、「意識層」の部分である。だから、作家の「無意識層」に眠る本質を見誤る場合があるのだ。だから、作家自身が演出も兼ねて作る舞台は、「ほどほどのもの」にはなっても、「すげえもの」にはなりにくい傾向はあると思う。

別の言葉を使えば、作家が演出を兼ねる場合、戯曲（作品）を批評する視点に欠ける場合がままあるということである。それは、人間が、自分自身を批評するのがむずかしいのと似ている。なぜなら、人間は多かれ少なかれ、自分自身を正当化して生きている――いや、生きざるを得ないからだ。長い間に渡って携わってきた演出作業を通して、わたしも他ならぬその一人だと思うようになった。

「演出」と呼ばれるものが、どういうものなのか、あるいはどうあるべきなのか――まだわたしにはよくわからないところがある。けれど、若かった頃のわたしの唯一の演出は、「とにかく頑張ろう！」というようなものだったような気がする。「とにかく頑張ろう！」――まあ、今でもそう思っていたりもするけれど、「とにかく頑張ろう！」は意気込みであって「演出」ではない。演出とは、意気込みではなく技術であるはずだ。その技術をわたしなりに言葉にすると、たぶん「演劇を構成するさまざまな要素（演技、美術、音響、照明、衣装など）をひとつのビジョンに向けて方向づける」ということだと思う。それを計画し、それを具体的に実行することが演出である。その記録を集成したものが本書である。

自分の書いた演出ノートをこのように開陳することに対して、恥じらいがないわけではない。いわば、ここに書かれていることは楽屋裏のことであり（喩えるなら、これらは、犯罪を企てる主犯格の男が仲間たちに配った犯行計画書のようなものだ）観客には、こういう言葉としてではなく「舞台の表現」として伝達されるべきものだからだ。だから、わたしはここに書いているようなことを一切、当日に配られるパンフレットに書かないように（例外はあるかもしれないけれど）している。

けれど、『Ｉ－ｎｏｔｅ』の第二弾を出しませんか」という論創社の森下さんの要望もあり、こういうノートを公開することにも意味があるのではないかと思い至り、出版することを決意した。後進たちが、これらの文章に触れることによって、よりすぐれた芝居を作り出す上での契機になれば、著者としてそれ以上の喜びはない。

ここに収めた文章は、誰かに宛てて書かれたものである。その誰かとは、わたしが携わった個々の公演に関わったすべての人々に対してである。その人たちの手元に、Ｂ４版のコピーで配ったこれらの文章が残っているかどうかははなはだ心許ないけれど、かっこつけて言えば、これらの文章は、その人たちへ向けて書いた演出家からの愛の手紙《ラヴ・レター》である。

ところで、わたしは演出という作業に奇妙な幻想を持っている。それは「銀行強盗の主犯」幻想である。演劇を作るという行為は、いろんな譬《たと》えで語れるような気がするけれど、わたしは、演劇を作るという行為は、銀行強盗とよく似ていると思っている。そして、演出者とは、その強盗団の主犯である。周到に計画を練り、さまざまな技能を持つ人々を集め、それらを統率して金塊の強奪に尽力する人間である。そして、銀行強盗が狙うのは金庫に眠る金塊だが、主犯のわたしと共犯者たちが狙うのは「観客の喝采」という金塊である。

出版に当たっては、論創社の森下紀夫さんと森下雄二郎さん、装丁の奥定泰之さんにお世話になった。毎度のことながら心からお礼申し上げる。

二〇一八年十月

高橋いさを

高橋いさを（たかはし・いさを）

1961年、東京生まれ。劇作・演出家。

日本大学芸術学部演劇学科在学中に「劇団ショーマ」を結成。著書に『ある日、ぼくらは夢の中で出会う』『バンク・バン・レッスン』『八月のシャハラザード』『父との夏』『モナリザの左目』『交換王子』『I-note～演技と劇作の実践ノート』（全て論創社）など。

I-note ②

舞台演出家の記録 1991-2012

2018年12月15日　初版第1刷印刷
2018年12月25日　初版第1刷発行

著　者———高橋いさを
発行者———森下紀夫
発行所———論創社
〒101-0051　東京都千代田区神田神保町2-23　北井ビル
tel. 03(3264)5254　fax. 03(3264)5232
振替口座 00160-1-155266　http://www.ronso.co.jp/
ブックデザイン——奥定泰之
印刷・製本——中央精版印刷

ISBN978-4-8460-1755-2

高橋いさをの本

theater book 010

アロハ色のヒーロー／プール・サイド・ストーリー

少年の夢を壊すまいと奮闘する船の上のヒーロー・ショー一座を描く『アロハ色のヒーロー』と、高校の水泳部を舞台にシェークスピア『ロミオとジュリエット』を翻案した『プール・サイド・ストーリー』を収録。　**本体 2000 円**

theater book 011

淑女（レディ）のお作法

君にキレイになってほしいんだ！　不良の女子高校生が素敵なレディに変身する『淑女のお作法』に、張り込み刑事のおかしな奮闘記『Masquerade』を併録する。　**本体 2000 円**

theater book 012

真夜中のファイル

罪人が回想する６つの殺人物語『真夜中のファイル』、バーを舞台に愛とは何かを議論する男女を描く『愛を探して』、離婚ともだちの愛の軌跡を描く『あなたと見た映画の夜』。高橋いさを短篇戯曲集。　**本体 2000 円**

theater book 013

父との夏

昭和二十年五月、二人の少年が青森行きの列車に乗った。愛する国を守るために。父親の語る戦争の思い出を通して家族の再生を描く『父との夏』、いじめをめぐる対立・紛争を描く『正太くんの青空』を収める。　**本体 2000 円**

theater book 014

モナリザの左目

とある殺人事件の真相を弁護士たちが解き明かしていくサスペンスミステリー『モナリザの左目』と、性の遍歴を彼自身の“男性器”との会話を通して描くコメディ『わたしとアイツの奇妙な旅』を収録。　本体 2000 円

theater book 015

海を渡って　女優・貞奴

日本初の女優・川上貞奴の「人生の航海」を一人芝居で描く表題作。四姉妹が目の悪い父のためにまだ見ぬ映画を語る『父さんの映画』、併せて『和紙の家』『母の法廷』を収録。　**本体 2000 円**

theater book 016

交換王子

貧乏劇団員と金持ちの御曹司がひょんなことで入れ替わってしまう『王子と乞食』の現代版『交換王子』と、駆け落ちカップルの逃避行の探索を依頼された探偵が回想する『旅の途中』を併録する。　**本体 2000 円**